笔记哥
讲债市

王健 —— 著

债券投资
心理与行为

应对

COPING
The
Psychology
and
Behavior
of
Investing

机械工业出版社
CHINA MACHINE PRESS

图书在版编目（CIP）数据

应对：债券投资心理与行为/王健著. -- 北京：机械工业出版社，2022.6（2023.4重印）

（笔记哥讲债市）
ISBN 978-7-111-70882-7

I. ①应… II. ①王… III. ①债券投资 IV. ①F830.59

中国版本图书馆CIP数据核字（2022）第091843号

  本书揭示了债券投资看大势的必要性，提出了"不要预测市场，而要应对市场"的观点，并在此基础上，点明了人在投资时会犯的人性弱点错误：涨了，有恐慌；跌了，有希望。为了克服人性弱点，做到顺大势，本书给出了试盘这一解决方法，介绍了时间止损和空间止损两种止损方法，并强调了严格执行计划的重要性。

应对：债券投资心理与行为

出版发行：机械工业出版社（北京市西城区百万庄大街22号 邮政编码：100037）	
责任编辑：杨熙越	责任校对：殷　虹
印　　刷：保定市中画美凯印刷有限公司	版　　次：2023年4月第1版第3次印刷
开　　本：170mm×230mm 1/16	印　　张：16.25
书　　号：ISBN 978-7-111-70882-7	定　　价：79.00元

客服电话：（010）88361066 68326294

版权所有·侵权必究
封底无防伪标均为盗版

献给我的父母

是你们教会我如何应对人生的不确定,

是你们教导我如何应对这个社会。

感恩,感谢!

| 自 序 |

曾经以为，投资高手就是预测高手，能预见未来，能预测经济的起伏、市场的涨跌。后来慢慢发现，真正的高手不是预测高手，而是行为高手。他们擅长的不是预测市场，而是倾听市场。投资中难说出口的是"不知道"，但这才是最高境界的回答。只有"无我"，才能心如止水，感悟趋势，静待机会。

如果说笔者所著的《分析》[一]说的是债券投资左侧的价值投资分析，《交易》[二]说的是债券投资右侧的技术分析，那么本书则是建立在左侧和右侧两者之上的投资心理和投资行为分析。本书抛弃了左侧的中长线配置视角与右侧的中短线交易视角，完全站在一个更高的境界去思考人性。在投资中，多数人赚少亏多，为什么？因为人们很难克服与生俱来的人性弱点。越让你舒服的交易，越不一定能赚钱；越让你难受的交易，越可能赚钱。

投资中最大的敌人不是交易对手，不是资本市场，而是我们自

[一] 《分析：债券市场分析与理解》，已由机械工业出版社出版。
[二] 《交易：债券交易技术分析》，已由机械工业出版社出版。

己。投资是一个古老的行业，从17世纪的荷兰郁金香，到1929年美国的"黑色星期二"，再到当下移动互联网时代下的投资交易，投资品种越来越多，分析工具越来越多，但唯独不变的就是人性。在几百年的积淀之下，太多投资方法被前人总结和归纳，有技术的，有人性的，你能想到的和你想不到的都已经存在。所以，投资方法并不重要，投资系统很容易通过学习和借鉴被建立起来。但为什么投资又很难？难就难在对人性弱点的克服。我们常常不能等到自己交易系统中的入场信号出现就跟随市场的情绪提前入场，或没有等到离场信号就提前出局。本来入市想赚大钱，结果却常常小赚大亏。这表面上是对系统的不自信，其实是不能克服人性的弱点坚定执行。所以，投资的最高境界是等待和执行。等待系统信号，按系统信号执行，这是投资中应该有的基本动作，也是最难的动作。只有两者结合，才能真正做到知行合一。

　　本书从人性弱点出发，介绍了笔者在实战中总结出的九大逆人性原则，并分别加以细化，由表及里地详述了投资中会遇到的心理陷阱，以及如何将其有效克服。习得任何技能都需要训练，逾越投资中的心理问题同样需要在实战中加以刻意地练习。建立自信，形成习惯，投资才能真正化繁为简，走向正轨。

| 目 录 |

自序

第1章　看大势，不择时　/ 1
　　　　看大势者不拘小节　/ 1
　　　　牛市做多，熊市做空　/ 19
　　　　管住手　/ 22

第2章　不言顶，不测底　/ 26
　　　　不去猜顶部和底部　/ 26
　　　　让别人监督你的原则，而不是你的预测　/ 28
　　　　无多空　/ 30

第3章　不做希望交易，不戴"望远镜"　/ 35
　　　　让市场告诉方向，不戴"望远镜"臆想　/ 35
　　　　事不过三　/ 44

第4章　不回头，看趋势　/ 49
　　　　正确的路上，永远都不晚　/ 49
　　　　忘记一时得失，只看趋势做市价　/ 54

第5章 市场不会永远正确 / 58

市场并非永远正确 / 58
用理性战胜市场 / 67
预期差 / 69
有异常，勿愚钝 / 86

第6章 用多空消息检测最小阻力线方向 / 92

最小阻力线方向 / 92
不是消息推动了市场，而是市场选择了消息 / 97
时点检验法 / 104

第7章 试盘 / 110

再坚定的判断都要先经市场的检验 / 110
万事开头难，一切靠试盘；要想赚大钱，必须要重仓 / 118
加仓 / 123
时间止损 / 134
养成清仓后再建仓的连续性习惯 / 144

第8章 人性 / 147

人性弱点 / 147
逆人性弱点 / 152
震荡是趋势中最大的陷阱 / 169
白+黑、传+全、慢+快 / 179
不要在新闻出来时，与市场同向操作 / 203
"量价齐升" / 207

第9章 执行 / 213

计划交易，交易计划 / 214
手比脑快 / 227
入场出场 / 243

| 第 1 章 |

看大势，不择时

看大势者不拘小节

✋ 看大势者不逆势

人们常说，农民靠天吃饭，其实我们做投资也一样要靠天吃饭，顺势而动。春耕秋收乃自然规律，如果非要拔苗助长，那结果可想而知。做投资亦如此，市场的波动有其自身的规律，只要真正用心体会、观察、总结，就能够形成一套自己独立的投资方法和体系，无论怎样，都必须顺大势而为之。也许有人会说，农民冬天不也在大棚里种蔬菜吗？那我们做投资也可以去抓阶段性、结构性行情嘛！可蔬菜毕竟只是餐桌上的配菜，主粮还是要根据四季变化按时耕作的，且在大棚里种蔬菜需要更好的技术、更高的投入，你确定自己是短线技术高手吗？你确定自己有足够的安全垫或补仓资金吗？配菜可以玩玩技术，但主粮还是要靠春耕秋收。

2015 年是股票市场惊心动魄的一年，2016 年又是债市惊魂、由牛转熊的一年。作为债券市场的一名参与者，我不得不从内心深处去总结和反思2016年。以十年期国债收益率为标准来划分债市波动的大周期，牛市从2013年11月21日启动，至2016年10月21日，是经历了整整2年11个月的超级大牛市。以前债券市场一般都是熊一年、平一年、牛一年，而这轮牛市史无前例，所以，人们习惯了买买买、每次卖出都会打脸。

所以，对大趋势的判断远比天天做波段赚小钱要更重要。如果天天只盯着一些消息或数据来做短线，不但心力交瘁，效果还不佳，导致"只见树木，不见森林"。要做好投资，就要把目光放长远，研究大势。当然也不能眼高手低而不接地气，也要做些波段交易，培养下盘感，学会控制自己的情绪。

在这个市场，绝大多数投资人都找到过好股票、好债券、好时机，也从来不缺席任何一次反弹，但绝大多数人却以亏损为结局。能够发现机会的人很多，但能够抓住机会的人却很少：以天和周为单位看待收益的人，相信的是奇迹与运气；以月和季为单位看待收益的人，相信的是天赋与能力；以年为单位看待收益的人，相信的是自然规律。

其实，做债券投资也很简单，就是在适当的时候，选择适当的久期，然后静观其变，在关键时候予以调整即可，没必要每天瞎折腾。但说起来容易做起来难，尤其是在调整仓位的时候，经常会有个问题：要是卖掉后再买回来，岂不是零和博弈？的确如此，做债券投资一般不会像投资股票一样，如果看见行情不好，就可以留着现金完全空仓。做债券投资，即使看空市场，也要配置债券在仓位里，是不会留现金在账的。所以，就会给人一种感觉，你卖了再买不是等于没动嘛。其实不然，我们调仓调的是什么？不是持券的量，而是持券的久期。也就是在保持持券量基本不变的情况下，来调整仓位的整体久期，或加久期，或降久期。

具体来讲：在牛市中或牛市即将来临时，如果各种信号告诉你债券收益率要往下走，那么，你就要加久期。如何加？卖掉仓位里面的短债，买入长债。正常情况下，长期债券的收益率是要高于短期债券的。但是，往往机会来临的时候，是资金面紧张、市场几近崩溃的时候，长、短债券的收益率是倒挂的，这时让你卖出高收益的短债，再去买低收益的长债，心里一定不平衡，甚至一时间回不过劲来。卖短债时，不要怕被人宰，该甩就甩；买长债时，也不要老回头看最高点或等待最高点，该抢就抢。

而在熊市中或熊市即将来临时，如果你认为债券收益率要趋势性上行，那么，你就要降久期。如何降？卖掉仓位里面的长债，买入短债。如果熊市还没来，只是自己判断市场很危险，熊市可能要来时，你就正好借着市场上多数人还没有察觉之前，把长债都甩掉。假如你还不是很确定熊市到底来不来，那么，至少要利用市场的疯狂，把流动性不好的长债甩掉（因为流动性差的券，只有在市场疯狂时才有人买），留下或置换成流动性好的，这样既不会踏空后面的行情，也可以在熊市真正来临时及时变现卖出。如果熊市已经来临或者你确定熊市要来，你就不要心存幻想，还想着市场再给你一次出逃的机会，即使给了，你也会因为贪婪而错失。这时我们最应该做的就是甩券，从长到短甩，越长的越要早甩，坚决地去甩，尤其是在熊市的早期。因为市场还未形成一致预期，收益率上行到一定程度时，总有人觉得上得差不多了，就会出来收券，市场收益率也会短期向下修复，这时，就更要利用这个修复的时机去甩券，不要犹豫，该卖就卖。然后，用腾出来的仓位去配置短债或直接放回购，去赚钱的钱。

看大势者不做逆势交易，熊市中交易要做亏，牛市中交易要踏空。

熊市中不对回暖有幻想，每次回暖都是出逃的机会；牛市中不对回调有恐惧，每次回调都是加仓的机会。

熊市中管住手不抄底；牛市中管住手不下车。

当然，并不是说买入后就不动了，只要看对了趋势，该交易也要交易（尤其是对于银行这类大资金的底仓），但那一定是战略性的调仓，是在牛熊转换之际才做的必需动作。如果趋势性牛市到来，那就可劲加久期，做长；如果趋势性熊市到来，那就可劲降久期，做短。如果完成了战略性调仓，那就不要再做自己以为的波段交易了，真是又累又不讨好。

当看到大海，就不会在意池塘的是非了。

✍ **不看历史看预期，不凭感觉凭数据。看未来，买未来**

"看未来。跟历史比，收益率的确处于历史底部，但历史是中国经济高速增长阶段，是扩张、繁荣阶段。我们谁也没有经历过中国经济增长中枢系统下移过程。当明后年经济继续探底，通缩加剧，货币政策继续放松，现在2.8%的收益率是不是高了呢？不要跟历史比，要看未来。"㊀

㊀ 黄文涛. 2.8%是高点还是低点？买未来 [R]. 中信建投.（2015-12-24）.

"不要跟历史比，要看未来"，说得太对了，我自己也深有体会。以前总是说"收益都下到某某位置了，不可能再下了""我感觉经济没有 2009 年金融危机时差，收益不可能再下了""收益已经下了那么多，不可能再下了"……看长期是去对标上一轮或两轮牛熊市的收益点位，看短期则是去对标前两天或前两周的收益点位。只是简单地参照历史，并没有以当时的宏观经济环境、货币政策、资金状况为依据，而是根据历史数据"感觉"出来的，更多的是来自屁股决定脑袋的一种主动选择而已，是心理上的一种不平衡：踏空了，没有捡到便宜价，就想等价格更便宜了再捡，可等价格真掉下来变便宜了，又想着要么等更便宜点再捡吧。这就是贪婪的人性弱点在驱使着自己，都凭感觉，而没有合理的逻辑推理依据。历史是不会简单重复的，市场的波动趋势是由市场预期所推动的，而不是靠对标或套用历史数据走出来的。当然，并不是说历史数据不重要，我们从历史数据中学习什么数据、什么情绪、什么预期会对市场产生什么样的影响，学的是它的本质，而不是通过表面的点位来推测未来的趋势，机械地刻舟求剑。我们看的是未来，买的也是未来。

截断亏损，让利润飞

在投资圈，我们常常会听到这样一段话："让利润奔跑，截断亏损。永不持有任何亏损的仓位，永远在赚钱的仓位上加码，这是交易的全部真谛。"我认为非常正确，因为有一段时间，明明看对了趋势，但总是拿不住，只吃一点肉就跑了。于是那段时间我就把这段话当成了座右铭，指导自己的操盘行为。但实践后发现，并没有做到"截断亏损，让利润飞"，因为当我想让利润飞时，市场由涨转跌，不但浮盈全部回撤，而且还产生更大的浮亏。市场就跟知道我的想法一样，当我没有学到这一招时，我赚不到大钱，当我学到这一招时，反而连小钱都赚不到了。

截断亏损，让利润飞。这个投资道理，大家都知道，但绝大多数的交易者却正好相反——截断利润，让亏损飞。为什么明明知道正确的做法，却一直在错误地做呢？这就是理性与感性之间的矛盾。"涨了，有恐慌"的人性弱点驱使着我们，在有了一点利润后，一有震荡就抢着落袋为安，截断了利润；"跌了，有希望"的人性弱点驱使着我们，一旦被套亏损，就开始充满希望地臆想"也许明天就涨回来了"，每天重复着这样的白日梦，结果越套越深，让亏损起飞。

这就是凭着感觉"截断利润，让亏损飞"。我们也都知道要让理性来战胜感性，那么，理性又是什么呢？就是一个人的投资体系。任何一个投资体系都是纸面上的、理论上的，唯有执行才能让其焕发出真正的理性之光。所以，要想做到真正的"截断亏损，让利润飞"，不是靠一句口号、一种感觉，而是要建立投资体系、执行投资体系，才能做到真正的理性战胜感性。

根据你的投资体系，计划你的交易，交易你的计划。因为每个人都会在交易时间被市场情绪带动而做出不理性的决定，所以，你一定要在开盘之前冷静的时候，按照自己的投资体系做好交易计划，做好应对市场变动的投资策略，而不要在盘中临时起意。如果做好了预测，计划好了交易，那就要在交易时间坚决执行；如果犹犹豫豫，说明自己没有想好，就不要在交易时间交易；千万不要在交易时间临时做出交易决定，要交易，一定要在盘前做好了决定。

👉 看大势（看信号，看原则），不择时

我们常常因为 0.25bp[⊖]，错失了 25bp，因为 25bp，错失了整个牛市。做股票也同样，因为错过 200 个点，就在懊悔中错过了 2000 个点。为什么会这样？

最主要的就是犯了"回头看"的错误。在正确的路上，永远都不晚。我们应该先看大势，顺大势，而不是整天纠结于小空间，只见树木不见森林。无论是踏空，还是被套，开始时心里都会很难受，甚至会与市场赌气，这时千万别让这种怨气蔓延，要截断它。很好用的一招就是"试盘"。万事开头难，一切靠试盘。先用小量试盘的方式扭转自己的思想。当我们踏空时，为什么我们往往看着价格一步步上涨，却一直下不了手？就是因为一直没有迈出第一步。如果自己通过小量试盘的方式下单买入，至少就会逾越自己的心理障碍。试想，先小量买入，如果真的不走运买在了高点，也只是小量，即使亏了，也影响不大，只要把止损位先设置好，亏损就是有限的；而如果赚钱了，那自己的信心就会大增，因为市场证明自己的操作是正确的，第二笔、第三笔就会跟上去了。

当市场上涨时，①空仓者害怕回调，不敢上车，一直期待着回调后再上（即使真的如期回调了，也会盼着多回调点再上）；②持仓者也害怕回调，涨到一定程度，一有震荡调整，就想落袋为安，提前下车。

当市场下跌时，①空仓者看到了希望，觉得终于回调了，可以捡便宜了，于是就冲了进去；②持仓者虽然后悔没有在最高点卖出，

⊖ bp 即基点（basis point），1 个基点等于 0.01%。

但眼里也是希望，期待着反弹至前期的高点就卖出（当真的如期涨回去时，又盼着涨更多再卖出）。

如何避免呢？

针对市场上涨时的①，不回头。不要期待回调后再上车，即使回调了，因为人性的贪婪，你也不一定能上去，在正确的路上永远都不晚。

针对市场上涨时的②，抓主线，盯信号。牛转熊的拐点信号不出现，就坚决不做空。另外要抓住投资的主线，不能被杂音干扰。

针对市场下跌时的①，盯信号。熊转牛的拐点信号不出现，就坚决不做多。（例如2017年9月自己买入做多时犯下的错误。）

针对市场下跌时的②，不回头。不要期待反弹后再下车，即使反弹了，因为人性的贪婪，你也不一定能下车，在正确的路上永远都不晚。

👆 好的择时是不择时

股市大佬冯柳接受《中国基金报》采访时的一段内容很好地阐释了"看大势，不择时"：

> 有朋友说，现在是熊市，等一等可以便宜三五个点，为什么不等等再买。我说那不是我的风格，我是心动即行动，我不会去猜到底会跌到多少，而是我能接受即可。当然，你事后看是可以便宜20%，你只看到这一次买贵了20%，但还有很多次你会比等待、犹豫的人买便宜20%，拉长时间来看，可能都差不多，但是可以减少80%的工作

量和等待。

想找到一个更好的时点，其实是一种贪婪。经常有人来问我，怎么择时，我说最好的择时就是不择时，只要是能接受的价格就可以。这样会减少大量的焦虑和纠结，也不会给未来留下工作量。如果看好一只股票，认为在8～12元钱之间是可以买的，现在是10元钱，有的人会想，现在正在下跌，下个月还有不好的消息，可能会跌到8元，等它跌到8元钱再买，这实际上给自己留下了一个日后需要解决的工作。市场是很复杂的，它可能没跌到8元，却涨到了11元，你买不买？可能它还会到12元，你消耗的心力就会非常多，而且等待与观测的过程会增加很多的心理需求，这些需求未来都可能会牵引和误导自己。从大样本的角度来说，如果时间足够长、交易足够多，这次等到了8元，下次就可能被迫在12元买，结果是差不多的。我很少从单个行为去考虑操作方式，更多是从系统的角度去看怎样是最省事最持续的工作方式。

很多股票我买了都会跌，卖了还会涨，但我不纠结，因为我把自己从难题里解放出来，不给未来积累矛盾和工作。当下就立刻解决，不想要的股票就立刻卖，不去等反弹或更好的卖点，即便这样会吃点亏，但会在其他方面补偿你，让你始终保持一个很轻松的心力状态，不让自己陷入看不见的麻烦中去。

上述投资理念非常精彩，"好的择时就是不择时"，我自己很多时候都是根据信号或原则看到了市场机会，但就是因为"想等一个更好的时点"，美其名曰"打出安全边际"，而错过了后面更大的机会，而且越错过越后悔，越后悔越下不了手。

👉 设定入场区域，不择时

入场的时点可以是选择某一点位的支撑或者突破，但是入场条件成立后，不应该是以一个点的概念入场，而应该是以一个区域的概念。

在入场区域内随时入场，不必择时，不必关心市场在这个区域内的涨涨跌跌。而且在交易计划中就要写清楚，入场区域在什么范围，这样就能在被证明错误或未被证明正确之前，更加淡定和从容，而不是让每时每刻的市场波动牵引着自己的情绪上下波动。如果只是一个点的概念，那么在入场时点支撑或突破时，若没有在机会出现后的第一时间入场，就会产生后悔感，进而不敢下手去追，而且这种感觉会越来越强烈。

例如，根据我的"区块链"⊖投资策略，按照盈亏比的概念，在"顺大势，逆小势"的操作中，只要回调过了区块的 1/3，在越过区块 1/3 至区块的区间阻力线之间，都可以顺大势、逆小势地入场，不必关心在此区域内的市场涨跌，除非继续调整到了止损位而止损。

另外，如果在区块内，就还有 1/2 区块来参考，但是突破区块之后，因为没有中短期的参照点，所以趋势越延续，心理越没底，趋势越延续，越后悔不敢追。其实，应该勇敢地追上去，因为越强的趋势，越不可能 V 字反转，而是会出现 W 震荡。为什么在趋势

⊖ 视 K 线图中横盘震荡的区间为"区块"，突破震荡区间后形成的趋势线为"链"。

中我们不敢追，就是因为担心买在价格的最高点（收益率最低点）。假如我们知道，即使买在了最高点，市场也还会给你第二次解套出逃的机会，我们就不害怕去追了。本来投资玩的就是概率，既然知道大概率会解套，还怕什么。所以，区块突破后，一定要敢追、一直追，直到区块翻越，趋势反转。

要像做货币基金一样"踏浪而行"

2016年10月21日债券市场调整之后，出现了两次大型的交易性机会，而且都是在新闻推动下，暴跌之后出现的交易性机会。但是我并没有很好地抓住。反思多日，突然想明白了一些。为什么自己在投货币基金时，敢在资金面紧、收益率高的关键时刻下重注，而在操作长债时犹豫纠结呢？或许有两个原因：①组合久期整体比较短，即使犯错，也能在最多120天内调整回来，敢尝试；②在关键时点，即资金面紧张、收益率高企时，认为这个高点是未来一段时间内的最高点，所以就敢在这个时点下重注。

在货币基金或其他短债品种的实际操作中，可以这么操作：在资金面刚开始紧张时，还不需要下注，还要等，而且不能把手里的头寸放超过7天，而是要放两三天，甚至放成隔夜资金，就像一个猎人一样，慢慢等待猎物进入自己的狙击射程。在资金面全面收紧的第一天，也不要下注，因为此时往往不是收益率最高的时候，只有在第二天或第三天，融资方才会在心理上全面崩溃，会不惜成本地来平自己的头寸。在恐慌情绪全面放大时，才能下重注，去配置较长久期的债券、存款或逆回购等资产，在这个收益率的最高点区间，来尽力拉长组合的整体久期，甚至可以不惜高成本，先借入短期资金,加杠杆来配置长久期资产,即使是短期倒挂也要把久期拉起来,因为你看到的是未来收益率回落后带来的资本利得。实践也证明,操作货币基金的这个策略还是比较好的。

但是,在判断长债收益率时,为什么我们就缩手缩脚呢?在市场好的时候,怕收益率随时反弹而看空;在市场不好时,又怕后面更加不好而进一步看空,总是看不到真正的机会。就拿2016年熊市调整后两次大的交易行情来说,以十年期国债为例:

(1) 2016年12月20日为3.37%,2016年12月31日为3.01%,8个交易日收益率下行36bp。当时的情景是,2016年12月15日美联储加息的当天,十年国债收益率上行12bp,十年国开债更是上行20bp。当天我吓傻了,笔记题目就是"下落的刀子不能接,左侧的交易不能抓"。但其实这才是买入的好机会,次日收益率便下行超过10bp。之后,又因为国海"萝卜章"事件及资金面紧张的推动,12月20日收益率再次大幅上行至3.37%,但较12月15日的3.33%,也仅高出4bp,所以,即使是在12月15日当天配置,也是要大赚的。

(2) 2017年2月6日为3.49%,2017年2月24日为3.29%,收益率下行20bp,而且还在下行的通道之中。当时的情景是,2017年1月24日(春节前3个交易日),央行提高MLF[①]利率,当天收益率大幅上行6.5bp,次日再上4.5bp,第3日上行0.5bp。就在上行幅度逐渐收窄、利空因素逐渐消化之时,春节后的第一个交易日2月3日,央行再次上调OMO[②]和SLF[③]利率,当日收益率大幅上行7bp,

---

[①] 中期借贷便利。
[②] 公开市场操作。
[③] 常备借贷便利。

2月6日再上6bp，2月7日开始下行，一路下行了15bp。

从这两次的交易行情中可以看出，越是事件爆发推动的行情，越是交易性机会的转折点，正所谓"买传闻，卖新闻"。其实，当新闻事件推动收益上行行情爆发时，除了当天收益率加快上行外，随后收益率也就再向上发酵两三个交易日，之后就会出现一波交易性的行情，收益率会出现一轮下行。这是不是跟自己在投货币基金时一样呢，每次主动拉长久期，就一定是在资金面全面紧张的时候。资金面暴紧，给我带来的并不是恐慌，而是高兴和兴奋，因为终于等到买入的好时候了。当然我并不会在全面暴紧的第一天就出手买入，而是要"让子弹飞两三天"，在第二天或第三天才开始配置长久期的债券或存款等资产，当然也不能等得太久，买入的时候窗口可能也就两三天。为什么在负面事件爆发的两三天内反而有买入的好时机呢？因为当负面因素由传闻变为新闻时，大多数人都会明白其中的道理，这时市场预期打得最满，极度恐慌的情绪会让市场在短期内（两三天）出现偏离均值的超调，这时就是买入的绝佳机会，千万不可以随波逐流，跟着大多数人迷失。要像投货币基金一样，在市场最恐慌的时候，在利率暴涨的时候，让自己眼里看到机会，而不是跟市场一样恐慌。当然，也要分清楚是交易性机会，还是趋势性机会。如果是短期交易性机会，那就要及时止盈；如果是趋势性机会，那就要战略性配置，全仓置换长久期资产，即使出现短期的浮亏，也不要怕，不要被震下车，坚决拿住。

货币基金的波段看资金面的紧张程度来定，而长债波段的机会就需要新闻事件推动，市场出现恐慌或疯狂时，才能真正出现。大恐慌大机会，小恐慌小机会。

利率低时，放短钱买短债；利率高时，放长钱买长债。在资金泛滥、利率处于底部区域时，要放短期资金，来等待资金紧张、收益上升，在资金利率高的时候再放长期限的资金。债券投资也是这个道理，在收益率处于底部之时，通过卖出长期债券、配置短期资产，来缩短组合久期，而当收益处于顶部之时，就应该卖出短期债券、配置长期债券，来加长组合久期。当然，这需要你对收益的底部和顶部做出准确的判断，但是，你必须首先知道这个投资策略是什么，知道遇到什么情况该怎么处理。即先判断当前的利率水平是底还是顶，然后再采取"利率低时，放短钱买短债；利率高时，放长钱买长债"这个人人都知道但不一定人人都能做到的简单债券投资策略。另外，在资金利率高的时候，尤其是在预期利率可能回落的时候，一定不要借长期债券，而是要缩短负债久期，加长资产久期。

货币政策就像放风筝

央行货币政策的收紧或放松，其目的只有一个，那就是促进经济增长。这就好比放风筝，无论是收线还是放线，其目的都是让风筝往高飞。

我们在放风筝时，放线的目的是让风筝飞得更高，但我们不能一味地放线，那样风筝不但飞不高、飞不远，反而会掉落。放线的速度要与风筝升高的速度保持一致风筝才能越飞越高，当然这只是最理想的状态。当放线的速度快于风筝升高的速度时，就会有多余的线松弛下来，这样风筝反而会下落，这时我们就需要逆着风收收线，把多余的线收回来，使其重新获得自主上升的动力。之后就需要再次放线，让其飞得更高，否则我们会把风筝拽落。

货币政策也是如此，央行"放水"的目的是促进经济增长，但也不能一味地"放水"，那样不但经济没有增长，还会导致严重的通胀。"放水"的节奏要与经济增长的节奏保持一致，才能良性增长，但这也只是最理想的状态。当央行"放水"节奏过快时，会有多余的"水"无法进入实体经济以促进经济增长，反而会造成本币贬值、通胀加剧，并使经济出现衰退，这时央行就需要逆势收钱，把多余的钱收回来，稳住币值，控制通胀。由于这个度太难把握，不知道到底收到什么程度能使得经济正好获得良性的自主增长动力，一不小心可能就会适得其反，把经济拽过头了，出现负增长。所以，一旦本币贬值或恶性通胀被控制住，并且经济基本面开始出现要掉头向下的苗头时，央行就会立马"放水"，以避免经济回落。

这个例子就能使我们更好地理解，央行为什么更多的时候是在"放水"，而不是在收紧，因为其目的就是要促进经济的长期增长。就像放风筝一样，目的就是要让风筝飞得更高。

我们看2017年的"强监管，紧货币"，那轮货币政策收紧的原因是什么？不是因为出现了恶性通胀，而是因为美联储加息导致人民币贬值，当然我们内部"放水"多是内因，否则也不会出现2016年的流动性陷阱、委外⊖横行、资金空转。既然本币出现贬值，资本出现外流，那么，就会倒逼央行收紧流动性，回收社会上多余的资金，以稳定币值。2016年末至2018年初，人民币兑美元升值了约10.7%。我们再看2020年的货币政策，先是新冠肺

⊖ 指银行理财资金委托外部投资。

炎疫情让全球央行"放水",国内也是货币政策加财政政策齐上阵,以抑制经济停摆后的大幅下滑。当国内疫情得到控制后,央行货币政策便逐渐开始退出,由疫情时的宽松政策转向了正常化的货币政策。其目的,一是不让过多的资金在市场中空转,二是给未来的政策留下空间和子弹。过多的资金不但对经济发展无用,还会导致资金空转和恶性通胀,这就是放的线太长太多,风筝不但飞不高,而且还会掉下来。

唯有站得更高,才能忽略细节、摆脱纠结

我们常常会被市场的波动影响着情绪,方向做对了,赚钱了,就开心一些,做错了,亏钱了,就郁闷一些。为什么会这样?因为我们看得太短了,太短视。站得低,就会过于注重细节,你只看到每天的波动,而不能从波动中跳出来看得更远,自然心情就被行情的细微波动所带动。

我们常常也会迷失在消息的海洋中不能自拔,很累,效果还很差。为什么?同样是因为我们太关注细节,越是想抓住短期的机会,就越让自己关注细节,就越迷失而看不清楚真正的大方向。不要被消息带着走,要分析消息背后的本质。

"短期看逻辑,中期看资金,长期看政策",我是完全放弃赚"逻辑"的钱的,因为很难获得一手的信息,即使你获得了,也不知道市场会如何发酵,发酵多久。所以,我们更多地需要看大势。盘中的工作,不是刷消息、看新闻,而是找异常、找预期差、做研究,除非做好了交易计划,按照交易计划盯盘做交易,否则盘中不用刷新闻,只需要在上午收盘、下午收盘后,看看市场上有什么重

要新闻,然后看看市场是怎么选择来走的,以此来检验最小阻力线方向即可。

如何纠正这种纠结和左右为难下不了手的情况呢?唯有站得高一些,看得远一些,才能忽略一些细节,才能摆脱纠结的心态。

债券市场每个季节都有最佳的策略,我们在工作时间就是挖掘季节信号,健全投资体系,并定期监控信号,给季节定位,只要季节不发生变化,大的投资方向就坚定不变。平时就要屏蔽市场的各种干扰信息。什么是干扰信息?只要不是你投资体系中的相关信息,都是干扰信息。不要看着新闻做交易,不要看着卖方报告做交易。此外,最关键的就是"耐心",一定要有耐心:

(1)春天㊀,金字塔式试盘性建仓,不要做波段。

(2)夏天,该持有的季节,一定要耐心持有,不要被小波动干扰,一定不要试图卖出做个小波段,一定要耐心持有。

(3)秋天,等待中级调整后再买入,一定要耐心等待调整,"逆势+顺势"操作,否则就会被市场情绪带动着完全做反。

(4)冬天,坚持债基变货基,耐心等待春天信号的到来。

总之,不用每天都关注市场的涨涨跌跌,被新闻所埋没。确立了季节,就确立了策略,按照自己既定的策略进行操作即可,不必在乎每天行情的涨跌,更不要让每天的行情影响自己的心情,甚至对市场的判断能力;不要盯着什么时候刹车,要盯着哪个信号预警了。要在自己建立的投资系统下,真正做到盯盘无盘、心中有盘。

㊀ 春天指熊牛转换。后面的夏天指牛市,秋天指牛熊转换,冬天指熊市。

👉 关注过多细节，放大人性弱点

越关注细节，就越不关注大势，就越放大人性的弱点。

并不是说这些细节的东西不重要，我们经常会说，细节决定成败。那么，哪些细节值得我们关注，而哪些细节又该完全抛弃呢？投资系统中有很多买卖信号，我们不能靠一些细节来操盘，那会让你只见树木，不见森林。细节的东西只是起到一个友情提示的作用，不要因为一点风吹草动就吓得屁滚尿流，胡乱操作，一会儿买一会儿卖，完全没有整体的战略战术，经常在人性弱点"涨了，有恐慌"的潜意识下，稍微来个小的异常，就产生了共振，认为市场要大调整了、要转向了，完全不顾中观的整体大策略，屡屡逆大势犯下大错。

对于一名专业投资者，操作就像是将军排兵布阵，要有整体的战争策略，不能因为敌方的一些小伎俩、小骚扰就改变自己的整体作战策略。可以用小股部队（小量资金）去试探敌情，而不是在信心或市场情绪下，直接战略性改变既定的方向和策略，这个犯错的成本太高，而且一时很难调头。因为你本来已经做了战略性调整，即使发现自己做错了，你的思想也一时很难改变过来，短期内你难以接受这个错误的、失败的操作，只有碰到了踏空或被套太深，如跌幅为 20bp～50bp，才会开始深深地懊悔。

我们决不能在自己人性弱点的驱使下，以偏概全，拿一个小细节作为我们买卖操作的依据。不要以为了解了些小细节，就比别人早发现或多发现了多少秘密，那都是花拳绣腿的小伎俩而已，不要把它当成法宝，它只是告诉你最近市场的情绪罢了。它会让你犹豫纠结下不了手、回头看，一个小的所谓的异常，就会把自己的人性弱点放大，进而被震荡出局或诱骗上车。

按大策略、大方向走，不要在乎小的波动和细节。关注细节，会放大人性弱点。要想抓住长线大势机会，就必须放弃短线细节波动。

牛市做多，熊市做空

在牛市中做多，在熊市中做空

"在牛市中做多，在熊市中做空"这句话看似是废话，但却是投资界不变的真理，核心意思就是顺势而为。但是，我们大多数人在人性弱点的驱动下，总是逆势而动，在牛市没有结束时，就看空下车；而在熊市没有结束时，就看多抄底。凡是进入资本市场的，没有一个人觉得自己是韭菜，每个都是奔着赚钱来的，都是奔着超越市场来的，总觉得比别人聪明，可以先人一步，可以预测更远的未来，但实际上，大多数人都是亏钱的。

自认为能够战胜市场的往往认为，自己比别人聪明，自己比别人更先预测到行情，自己看到了别人看不到的信息，自己掌握了比别人更好的策略，所以总是在趋势没有结束时，就提前抄底或抢顶。但实际上，投资是一个古老的行业，17世纪荷兰的"郁金香泡沫"是人类历史上有记载的最早的投机活动，在那时，贪婪与恐惧的投机已经开始盛行，只是标的不同，没有K线图、没有电子交易而已。另外，人性永远是不变的，周期是循环往复的，你能想到的技巧、方法、策略,别人早都想到了。这些都是可以直接拿来用的,可是,为什么我们看了很多书,学习了很多技术,总结了很多策略,却依然还是在不停地亏损呢?交易无秘密,全在执行力。正是因为我们很难克服人性弱点,去坚定地执行这些方法和策略,所以我们总是在怀疑,总是说"这次不一样"。

真正的高手,不是比别人预测得更准确,而是比别人应对得更从容,真懂得顺势而为。在牛市中做多,在熊市中做空,简单地坚持,傻傻地执行,看起来简单,但做起来难。在牛市中不用试图做短线波段,最简单、最有效的操作就是:在牛市中做多,在熊市中做空。但人们总是管不住自己的手,总把简单的事情复杂化,总觉得自己能够战胜市场。

"屏蔽利多,放大利空"是熊市特征;"屏蔽利空,放大利多"是牛市特征。

市场进入牛市:

(1)不利于债市的坏消息出现,如经济数据向好、资金面收紧,甚至是央行态度严厉的消息都出现了,债市却充耳不闻,收益率依然下行。

(2)有利于债市的好消息出现,如降准、降息、大额净投放、宏观数据走弱,甚至有些你都不认为与市场有多大关系的消息,会莫名其妙地刺激债市收益率下行。

市场进入熊市:

(1)不利于债市的坏消息出现,如经济数据向好、资金面收紧、央行态度严厉,甚至仅仅是一个小小的利空传言,会让市场风声鹤唳、兵败如山倒。

（2）有利于债市的好消息出现，如资金面转松、大额净投放、宏观数据走弱，甚至是降准，债市都能置若罔闻，似乎没有发生过什么一样，收益率依然会向上运行。

在牛市中，没有消息就是好消息；在熊市中，没有消息就是坏消息。市场的方向一旦确认，就不会轻易改变。在牛市中，债券收益率没事就往下走；在熊市中，收益率没事就往上走。没有市场多方面的合力作用，市场不会改变其原有的运动方向。就像一个球沿着斜坡向下滚一样，在有同向消息刺激下，它滚得会快点，在没有消息的刺激下，它也会自然向下滚，只是慢一点，但要想改变它的运动方向，那就需要很大的反向阻力才能做到。

在2014年初债券市场刚由熊转牛之时，市场整体情绪还是比较谨慎和犹豫的，只要消息面平静，收益就会有所上行，而最终收益的整体下行，则是在宽松政策的不断刺激和推动之下完成的。到了2014年下半年和2015年，市场都看到了货币政策的宽松大势，全部沉浸在牛市的盛宴之中。当市场消息面平静时，债券收益率莫名其妙地下行，是因为市场开始臆想央行要降准或降息了，尤其是在周末，市场臆想的劲道更足。到了2016年，债券市场进入了宽幅横盘的"秋天"行情，市场情绪开始变得谨慎起来，只有出现明显的利多消息刺激，或原来的利空被明显证伪了，收益率才会向下运行；只要消息面平静，市场情绪就立刻谨慎起来，收益率也就会向上运行。2017年，"强监管、紧货币"之年，债市转熊，中间虽因资金面的缓和而出现暂时的下行，但只要没有资金的持续宽松，没有利好消息刺激，收益率就会向上运行，变成了没有消息就是坏消息的熊市状态。

"夏天"的牛市就像个小孩子，除非是困了累了，才会休息，除此之外，总是在活蹦乱跳、活力四射。横盘震荡的"秋天"行情则像个中年人，已经不爱折腾，更多只想赚简单套利的钱，已经变得无利不起早，没有赚钱的好消息，宁愿多坐会儿、多休息会儿。"冬天"的熊市就像个老年人，已经看破红尘，劳累了一辈子，需要的就是休养生息。

管 住 手

牛市大胆买，放心持仓；熊市坚决卖，安心持币

在一波大的趋势性牛市中，总会有一些大级别的调整，我们往往在回头看时会觉得，如果调整之前卖出，调整之后买回，那岂不是就会获得更多的超额收益！但这只是最理想的状态，实际上，在整个牛市中，每一次卖出大概率都会以踏空收场。因为你卖出之后，要么直接做错踏空，心里很难克服懊悔之心，再下勇气去追时已经踏空了一大截，要么做对了，市场真的如预期中回撤了，但是，你的贪婪会让你想着"再跌一点我再上"，结果当市场再次回归上涨势头时，你又回头看，懊悔没有在最好的位置入场，然后，你就将在懊悔中步步踏空。下跌时，有"跌了，有希望"的人性弱点；上涨时，有"涨了，有恐慌"的人性弱点。趋势中的每次波段交易，与你做对手盘的不是市场，而是你的内心。

正确的动作是，只赚顺势的钱。在"夏天"的牛市中，不要想着在收益率上行调整前后先卖后买做波段，而要想着调整后继续加仓做趋势。

当"对了，赚了"的时候，人会产生恐慌心理，生怕哪天市场下跌，已经到手的鸭子（利润）飞了，总想早点落袋为安。当债券收益率下行（价格上涨）的时候，最是有这种想法，不过如果稍有些投资经验，还不至于立马卖出，总还是能记住一句话：让利润飞。这时还是比较淡定的。但是，一旦有个震荡，尤其是多震两次，自以为总结出了经验、看懂了市场，就想去复制上次波动，结果是被震下车。如果在第一次震荡中没有及时跑掉，那么第二次稍微震荡一下，就会跑得很快，被震下车。要么就是抱着一种"短空长多"的观点，给自己找个做小波段的理由，结果"完美"的计划把自己给甩下车了。

这其实就是没有交易系统，或者有了并不严格执行的体现，更多的是靠感觉去操作，是人性的情绪战胜了理性的系统。

更为重要的是，在"涨了，有恐慌"这个人性弱点基础上，衍生出了一个更为疯狂的错误操作行为，就是在"涨了，赚了，有恐慌"之后，卖出得特别坚决，几乎是清仓式卖出。然而，在发现卖出后踏空，想追回来时，又总是小心翼翼，不敢重仓买回，甚至都不敢再下手买。也就是说，"涨了，赚了"后，一个震荡就敢卖出5亿元，但当你发现犯了错，或者再次发现做多的新机会后，想再买回来时，却只敢买5000万元。当然，在收益率上行的熊市中，在经过大幅度的下跌之后，一旦有个利多信号，我们就以为可以买到更便宜的货了，就会非常狠地下手去重仓买入。但是，当发现做错被套后，本应该及时止损，却开始臆想有希望了，最后，由懊悔、愤怒变为麻木。

很多时候,冷静思考,大方向和大策略基本不会出太大的问题,因为牛市和熊市很容易被我们感知,只是早一点和晚一点的区别。然而,即使大方向和大策略我们都能理性地思考出,人性的弱点也总会驱使你犯错,贪婪让你总想去做短线赚超额,结果小赚大亏,恐惧让你总想落袋为安,结果提前下车。所以,每一步操作要符合大方向和大策略,这样就足够战胜对手,不要觉得比别人聪明,要赚超额收益,我们只需要在大的正确的方向上比别人少犯错就够了。春天,试盘建仓;夏天,久期为王;秋天,票息为王;冬天,货币为王。按照交易系统,定位出春夏秋冬,只要季节不变化,就一直坚持既定的策略行事即可。自己不跟别人比聪明,只比谁少犯错。每个人都知道季节,但并不是每个都能控制人性弱点。

这种"涨了,有恐慌;跌了,有希望"的人性弱点,其实犯的错误都是"回头看"。当价格上涨后,回头一看,哇,好高啊,有"恐高症",赶紧落袋为安吧;当价格下跌后,回头一看,咦,其实已经比以前便宜多了,还能跌到哪儿去?也许明天就反弹了呢!甚至有点钱,还想抄抄底。

牛市中,不要回头看,正确的路上永远都不晚,要大胆地去重仓买入,并耐心持有。然而,实际情况却是,买的时候小心谨慎地、小量地买入,获利后,有一两个震荡便吓得提前下车。熊市中,也不要回头,正确的路上永远都不晚,大胆地清仓卖出,并坚定持币等待。然而,实际情况却是,卖的时候小心、犹豫,甚至期待明天反弹一些再卖出,而且卖出的量也很少,因为你不断地回头看,贪小便宜,所以,本该大胆地、大量地卖出,却正好相反。而且熊市中如果有两三次回暖,那么在第二次或第三次回暖时,若我们没有自己的交易系统，只是凭一些经验和感觉，就会被骗上车，去重仓买入做多。因为我们可能以为买到了比以前更便宜的东西，或者是想把被套的仓位成本摊薄一些，但实际上熊市还远未结束。

涨了，有恐慌，所以牛市中买入做多的胆子因这种恐慌而变小，卖出做空时，因这种恐慌而胆子变大。这种恐慌的感觉，会让你空仓踏空后不敢买，持仓赚钱时特想卖。

跌了，有希望，所以熊市中卖出做空的胆子因这种希望而变得很犹豫，买入做多时，因为这种希望而胆子变大。这种每天都有希望的感觉，会让你持仓被套后不忍卖，空仓持币时特想买。

总结一下这两个人性弱点导致的错误操作行为：

涨了，有恐慌 → 踏空后不敢追，赚钱时特想卖

跌了，有希望 → 被套后不忍割，有钱时特想买

那么，讲了这么多该做却正好做反的教训后，就应该修正和克服这些人性的弱点：

错误：牛市——小心小量地买，谨慎地持有，大胆大量卖。

正确：牛市——大胆大量地买，放心地持仓，坚决不卖。

错误：熊市——犹豫小量地卖，麻木地持有，大胆大量地买。

正确：熊市——坚决大量地卖，安心地持币，忍住不买。

| 第 2 章 |

不言顶,不测底

不去猜顶部和底部

不要猜测点位,要建立投资体系

"不言顶,不测底。"无数次的教训告诉我,不要去肆意猜测点位,更不要去猜测顶部或底部,因为一旦这么做了,那就在自己的心中设了一篱笆,到不了那个位置就总觉得不可能,这样会很危险。2014~2016年的大牛市告诉我,不要预测底部,千万不要说"绝对不可能比这个位置还低";2013年的大熊市告诉我,不要去预测顶部,千万不要说"不可能再高了"。所以,不要去猜测顶部和底部,无论是因为面子,还是因为心理暗示,这会让自己陷入自己预设的陷阱。

不要凭历史数据,甚至只是凭感觉去简单地拍点位,而是要建立自己的投资体系,用分析框架体系在左侧分析市场,用投资策略体系在右侧应对市场。我们要事先做好策略、情景假设,量化好指标。想好遇到什么情况，要怎么应对操作。

在收益率顶部区域、底部区域（拐点），市场都有哪些特征？技术性的、情绪上的、政策上的、宏观数据上的、媒体宣传上的都是历史情景中的一环，我们要对历史性的拐点做周密的分析和复盘，总结归纳出有共性的、普适的因素。在未来的行情波动中，出现的因素越多，符合的情景越像，顶部、底部拐点出现的概率就越大。历史不会简单重复，但人性亘古不变，经济周期、金融周期、市场周期无不由人性一轮轮推动向前。

点位高低不重要，重要的是趋势和策略

作为一个买方投资者，不要预测底在哪儿或者顶在哪儿，我们更需要关注的是市场运行的趋势，而不是"屁股决定脑袋"，根据自己的仓位来预测方向或具体的点位。

2013年初，谁也想不到十年国开债会上行到5.9%（2014年1月）；2014年初，谁也想不到十年国开债能下行到3.0%（2016年1月）。具体的点位我们完全无法预测，也完全没有必要去预测，因为那会给我们的思想套上无形的枷锁，阻碍我们随机应变、顺势而为。

我们常常会说：上行或下行"空间不大"，这也纯粹是拍脑袋，更多是和历史数据对比或模拟了一下，得出的简单结论而已。历史只是用来参考的，而未来是创造历史，而不是简单地复制历史。虽然周期有轮回，但每轮周期的市场逻辑，及市场对信息的放大程度，都是无法预知的。我们所能做的就是，制定投资策略，应对市场变化。作为买方，我们不去预测市场，而要应对市场，不要回头

看，不要让自己总是在后悔中度过。在收益下行时，后悔没有买在最高点，心里总是盼着收益再上行到前面那个高点后再出手，可市场哪能按我们的想法去运行呢。即使真回到那个高点位，我们也未必就能下决心去买，到时或许又会想着：再等等，再等等，收益率再高一点再下手。如果真的市场回到了之前的那个高点位，谁又能保证市场不往更高的点位运行呢？

所以，市场点位的高低并不重要，重要的是趋势和应对趋势的策略。如果收益率是趋势性向下的，那么什么时候买入都不晚，不要回头看过去，勇往直前看未来。同样，当收益率上行时，不要后悔手里的券没有卖在最低点，要看未来、卖未来，如果未来收益率是趋势性向上的，那就及时卖出，什么时候卖都不晚。

让别人监督你的原则，而不是你的预测

不言顶，不测底；少说看法，多说原则

观点说多了，自己都固化了，就像"谎言说多了，自己都信了"。只有抛弃了多空的看法，才能真正按原则行事。我们常常会在同业聚会或在公开场合，大谈特谈自己的市场观点或看法。为什么会这样？很多时候是为了显示自己的能力而夸夸其谈。作为卖方，拉数据、谈观点，甚至引导预期，都是人家的本职工作。但是，作为买方，这其实是最不专业的表现。

交流时，99%的人都会问：你对市场怎么看？最专业的回答是"不知道"。然而，这会被99%的人嘲笑为"不专业"。一位期

货大佬曾经说过，不要预测市场，而要倾听市场。无论是爱吹牛的本性也好，还是"屁股决定脑袋"的仓位让你不自觉地看多看空也罢，都会蒙蔽你的眼睛，让你失去客观倾听市场的能力。因为话说出去，让别人知道你的观点后，再回头就会变得很难。人都爱面子，改变就是打脸。但是如果你不去预测市场，不去随便发表多空观点，就不存在面子的问题了。当然，这不是"掩耳盗铃"，而是不要让面子成为你的羁绊，不要让假话变成真理。只有这样，我们才能更加客观地倾听市场、倾听内心，才能更严格地去执行自己的投资体系。

让别人监督你的原则，不要监督你的看法。在路演或别的公开场合中，不要再说自己对市场的多空看法，要多说自己的交易原则。看法说多了，自己都信了，以至于错了还在坚持，甚至自己都知道错了，也为了面子而坚守，找各种理由说服自己继续坚持。这是在潜移默化中自己迷失自己。所以，要多跟别人讲自己的体系原则，而不是市场预测。因为原则讲多了，当触碰到原则条件时，一是自己会更加敏感，二是别人也知道你的原则，如果你不去执行，就会让别人觉得你虚伪，自然就会倒逼你去执行。这样的好处，一是让原则时刻记在自己的脑子里，二是有别人监督自己是否去执行原则。少说看法，多说原则。即使实在没办法，必须要发表自己对市场的看法，那也必须是列出前提条件的看法，也就是在什么情况下，会是什么走势，我们应该如何应对，在另一种情况下，又是何种走势，又该如何应对。

不测顶，不言底；少说看法，多说原则。我们投资工作的日常重心应该是：寻找原则、监控原则、执行原则，而不是预测市场。

无 多 空

👆 无多空，闻风起，顺势动

趋势交易者三大忌：贪婪、恐惧、预测。贪婪和恐惧是人性弱点，而预测是行为弱点。我们不要去预测市场，因为市场最确定的就是不确定。预测，会让未来的不确定变得确定而又僵化，这本身就违背了市场本来的不确定性。一旦市场机会或风险到来，如果正如预期，尚且还好；而一旦违背预期，你就会变得执拗，就会与市场做对，就会做希望交易，进而失去获利的机会或累积更大的风险。

当我们的交易信号与内心的预期相冲突时，就很难去坚定地执行交易系统。你的预判，或许是由自己的分析体系得出的，或许是人性弱点推动的，但只要内心与出入场信号不一致，在下单执行交易时就会犹豫纠结。很多时候，入场后，市场已经证明这笔单子错了，但我们还是很难及时认错出场，更别说认错后，能及时反手了。更多的时候，我们屁股决定脑袋地想方设法证明自己的单子是正确的。我们要想真正做到顺势而为，就必须要有"无多空"的投资理念。

无论是内心的感觉也好，还是分析体系给你的支撑也好，抑或是外界情绪的影响也罢，人总是先入为主地有一定的预判，这就让人们总爱做左侧。无论是为证明自己的分析能力，还是为使自己的头寸赚钱，在左侧分析得越自信、仓位越重，就越难掉头转向。最后发展成：不是为了赚钱，而是为了证明自己正确，与自己赌气、与市场赌气、与央行赌气，直到最后精神崩溃，认输出局。

我们对任何分析预测体系，都不要太过自信，因为市场什么都可能会发生，而且往往发生在悄无声息之中。只有已经发生过了，你再回头看，才能真正看清。所以，我们在入场前，先要清空自己的主观预测，才能根据投资体系的出入场信号，顺势而为。

无多空，不是靠人性弱点驱动的"感觉"先入为主地判断多空，而是建立起一套投资策略体系去"应对"多空。我们要用策略体系制订好应对不同市场变化的交易计划，让市场告诉我们趋势方向，而不是先入为主地预测市场方向。分析体系不是用来预测市场方向的，而是用来理解市场方向的。

闻风起的"风"，不是指市场涨涨跌跌，而是指投资系统中的信号提示。我们不要预测市场，而要感悟市场。这种感悟，不是我们的主观感觉，因为感觉往往是被人性弱点所驱动的。"风起"是建立一个自己对趋势的评判准则，靠投资系统的客观提示来"闻风起"。

顺势动，不是简单跟随市场右侧去操作，而是在投资系统发出出入场信号后，才要操作，顺势而为，只赚顺势的钱。

当然，投资中我们不可能对市场没有涨跌方向的判断，否则怎么去下注？入场或出场总是要去押一个方向，所以对市场还是要有个方向性的预判。但是这种预判不是出于自己顺人性的感觉，也不是出于自己的仓位，而必须是出于自己的投资系统，是让投资系统告诉我们方向，而不是被人性弱点支配：涨了，有恐慌，就觉得要跌；跌了，有希望，就觉得要涨。当然，我们也不能犯"屁股决定脑袋"的错误：因为仓位开多仓，就认为要上涨；因为仓位开空仓，就认为要下跌。

要想做到不被人性弱点驱动,需要做到三点:①要建立自己的投资系统;②要对投资系统自信但不自负,被证明错误后,要修正,做到知行合一;③一旦系统提示风险或机会,就必须马上试盘。试盘就是让"屁股决定脑袋"的人性弱点发挥作用,"万事开头难,一切靠试盘"。系统提示风险或机会时,第一步迈不出去,后面就会在懊悔中让预期差累积,就更难以下手。千万不要与市场置气,不要说"我就不相信了"。当你开始抱怨甚至谩骂市场、与市场开始置气时,你就已经与市场"逆风"作对了。

价格完全直线横盘就是无风,价格在区块区间内波动,整体就是微风。在区块内遇到支撑就是微风起,突破阻力线就是强风起,而且,区块横盘时间越长,突破后的风就越强,正所谓"横有多长,竖有多高"。

让自己不要先入为主地去预判未来的多空,预测不能作为买卖的依据,要建立一套投资系统,让无情的、大概率的系统信号告诉我们风向是哪里,并且制定应对的策略。然后就是建仓、平仓,如此反复而已!

一个优秀的操盘手,是一个没有观点的操盘手。

何为"无多空"

或许我们都有爱吹牛的本性,不但爱预测市场方向,更有甚者,要去预测具体的点位和时间。这其实是卖方分析师的工作,而作为买方,不但不应该预测市场方向,更不应该去预测具体的空间(点位)或时间。

2014年初,我认为收益率确实已经处于顶部区间了,但是,根据历史图形又觉得在顶部会有一个U形走势，之后才能展开真正的大牛市行情，并且根据历史数据测算，这个U形走势的持续时间大约为1年，即在2015年初形成另一个顶点后，牛市才能到来。按照这个思路，我在交易账户中采取了哑铃型的投资策略，即一部分资金配置了大量的7年期城投债，而另一部分仓位则配置了大量的1年期短融。结果可想而知，配置短融的那部分仓位全部踏空。而且更重要的是，我预测1年后收益率会两次探顶，而真正到了1年后的2015年初，市场并未如自己预期中那样出现顶部U形走势。爱得太深，动情太真，2015年自己还没有从那个预期中走出来。预测说多了，自己都信了。

这是自己对"预测"最深刻的一次认知。所谓的预测，其实是我们根据历史数据、历史场景，模拟外推出来的占卜式的想法。诚然，周期是客观存在的，历史也会有相似之处，但这绝对不是简单的重复，也就不会让我们线性外推出未来的走势。

当然，在投资中，不可能完全做到"无多空"，我们总是要判断一个方向去"下注"的，但是，在以买多或者卖空开仓入场之前，我们的脑子里不能只有单方向的主观判断，而要有多方向的各种可能：方向对了，如何处理；方向错了，如何处理；横盘了，又该如何应对。并且在下注后，依然不能有"屁股决定脑袋"的主观预测，不能因为你的仓位是多头仓位，就选择性地、主观地屏蔽利空，放大利多，只盼着市场上涨。我们首先应该想到的是，如果做错了，该在什么位置、什么时候止损离场。在入场前，想好三个问题："未被证明正确，怎么办？"（时间止损）"做错了，怎么办？"（空间止损），以及"做对了，怎么办？"（何时止盈）并且，在入场之后，按照这个交易计划严格地去执行，这就是真正的"无多空"。

多空入场下注，只是一个简单的动作形式，它本身不一定赚钱，所以，我们不是先入为主地、深信不疑地去预测一个方向或押一个方向，而是要想好如何应对各种不同的方向。我们可以通过分析框架体系去模拟历史场景，在左侧预判市场的方向，用投资策略体系中的技术分析方法在右侧印证方向，但这都只是为我们入场决策提供的小参考，不是投资活动的重点，投资活动的重点是如何应对市场。

我们只有放弃自己的想象、预测、多空看法，才能按技术规则和行情，严格执行投资交易体系。不以物喜，不以己悲。不做乐观者，不做悲观者，要做客观者，要让自己变成一个心无旁骛的机器人。

| 第 3 章 |

不做希望交易，不戴"望远镜"

让市场告诉方向，不戴"望远镜"臆想

☞ "灰犀牛"与"望远镜"

2017 年市场关注一个词叫"灰犀牛"，让我很受启发。

"灰犀牛"比喻大概率且影响巨大的潜在危机。与其对应的"黑天鹅"比喻小概率而影响巨大的潜在危机。

这让我想起了《股票作手回忆录》里的内容，其中一段是："我第一次因为预感到可能来临的危机而做空的时候，我发现自己看得过于远了，像使用了望远镜，从第一次瞥见风暴之前的乌云到实际的大崩盘之间的距离比我想象的远太多了。"

在看到并理解"灰犀牛"和"望远镜"这两个词之前，我就经历过这样失败的经历，但当时不知道这两个词，所以，虽然知道错了，但又似乎不知道真正错在了哪里。

2014 年，债券市场由熊转牛，但我并没有满仓配置长久期债

券，只是配置了半仓的城投、半仓的一年短融。后来竟然因为与市场赌气，由多头变成了一个空头，当时完全没有想到债券市场能走出近三年史无前例的超级大牛市。虽然后来也认错了、顺势了，但还是半仓踏空了很大一部分行情。想想自己为什么会这么愚蠢？除了赌气之外，更重要的便是自己戴了一副"望远镜"在看市场。潜在的风险（"灰犀牛"）确实在那里，但它并不是你当前所面临的主要矛盾，你应该更多地去关注当下的主要矛盾，仅用余光去观察远方"灰犀牛"的动向即可，不要自己恐吓自己。即使它向你奔过来，那也还有一段距离和反应时间，无须天天拿着"望远镜"去盯着"灰犀牛"的每一个细节。这就像，当你身处夏天的"三伏天"时，就想着冬天的"数九天"怎么过，这是可以的，没毛病，未雨绸缪未尝不可，但是，如果你在"三伏天"的时候，就把"数九天"的棉衣给穿上了，那就有问题了。

复盘2014年，当年我看到了债市已经处于熊牛的历史拐点，但并没有满仓做多，而是留着部分仓位，试图等待收益率再次探顶之后，再把剩余的仓位配满。为什么会有这样的操作？就是因为按照当时的历史数据，在债市熊牛转换的拐点，收益率在高位会出现U形走势，即在收益率顶部出现两个顶点，之后才会出现真正的牛市（见图3-1）。其实2014年初，我就看到大的配置机会已经来临，所以就配置了半仓长债。但是，随着上半年收益率的下行，放慢了配置节奏，想着收益率下行后，还会出现历史上相同的U形顶，到时再把剩余的仓位配满。于是，就开始看空，期盼着收益率能再次掉头向上。结果二次探顶并没有到来，收益率从2014年下半年起继续一路下行，自己便进入了"越是踏空越看空"的死循环之中。

半仓踏空也就算了，更可悲的是，在第四季度，还把年初买入的部分长债给卖掉了。为什么会有这样的操作？就是因为自己"觉得"收益率下得差不多了，"应该"要反弹了，其实是赚钱了，拿不住了，臆想着收益率反弹后再买回来，做个小波段。这正是典型的"涨了，有恐慌"的人性弱点。那段时间，还常常给自己找理由："我觉得CPI不可能再降了，后面随时有可能反弹，所以，债券收益率短期内也不可能再下行了。"

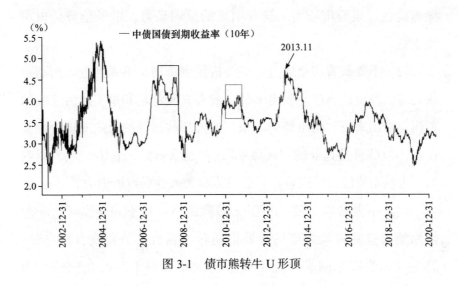

图 3-1　债市熊转牛 U 形顶

现在想想，"觉得""应该"这种话怎么能从一个专业投资人员的嘴里说出来呢？太可笑、可悲了，其实自己不是一个专业的投资者，只是一个披着机构外衣的散户罢了。没有基本的逻辑推理，没有自己的投资体系，全是在自己想象，凭"感觉"去操作，最多看看卖方的报告，而且只看有利于自己的报告，与自己的观点相反的，一看就烦。这其实就是被人性弱点所驱动，完全是戴着"望远镜"在看市场，而且是没有真实根据的"望远镜"。

这一年给我的教训就是：

（1）如果认为收益率已经到了一个长期的高点位置，已经到了一个可以战略性建仓的位置，就不要去纠结或在意小的波动。要用战略性的气魄去建仓，不要玩小聪明，还想做点小波段，赚点超额收益，能够吃掉大趋势就已经很牛了，小聪明最容易被震下车，或抄底抄到半山腰。不要心急，不要主观臆断，要看懂市场的脸色，跟着市场走。没有明显的反向动力，市场趋势是很难改变的。

（2）不要戴着"望远镜"去分析预测市场，不要把过远的利空或利多，甚至是自己想象出来的、没有真实逻辑和事实作为支撑的东西，拿出来去预测市场的未来。也许那些远处的风险或机会确实存在，但那只是远处的"灰犀牛"，留意着就好，它不会成为影响当下市场走势的直接因素，只会成为放大人性弱点的理由。

（3）不做希望交易。希望交易就是当出现不利局面时，一厢情愿地希望并且认为市场会发生逆转。当自己被套或者踏空时，总是"屁股决定脑袋"地希望市场向着有利于自己仓位的方向运行。

（4）交易中，最重要的不是去预测市场的走向和起伏，而是如何应对市场，跟踪趋势，顺势而为。预测市场不如观察市场，预测未来不如倾听当下。我们常常在做希望交易，与其说是预测市场，不如说是赌大赌小。赌对了，欣喜若狂，忘乎所以；赌错了，就选择性地寻找各种理由，来佐证自己希望出现的方向，屏蔽真正影响市场的信息，让自己选择性失聪。

顺应数据，而非顺应感觉

在自己的投资系统中，有"八大信号"，无论是宏观信号，还是套利信号，抑或是技术信号，都以各种数据为基础。在对市场的分析判断中，我们必须要尊重数据，要用数据说话，而不要凭自己的感觉做递延式外推。

每个人的感觉，甚至是亲身经历的调研，都只有自己知道，别人看不到，也体会不到，所以自己的臆想只是自己的见解。然而，市场价格的波动是由多数人的行为决定的，也许你的感觉是对的，但别人无法看到，市场也不会顾及你的感受。而数据，包括经济数据、货币工具利率、准备金、存款利率、大宗商品价格等，则是包括央行在内的全市场所有人都能看得到的，这些数据的变化才能够引起市场共鸣，进而引起市场价格的变动，而不是你的个人感觉。这就是为什么我们不能与市场为敌，不能将个人的主观臆断强加给市场。

所以，不要凭自己的感觉，做感性的递延式外推，要用数据、信号去理解市场的方向。不要说"感觉某某大会前不可能收紧""感觉利率上不去了""感觉CPI下不来了""感觉经济见底了"等没有数据支撑的话。

2017年9月末，央行宣布定向降准，依据之前的历史经验，降准是重大的"放水"信号，债券市场的牛市机会也就来了。比如2014年，牛市正是从定向降准开始的。但实际上，2017年四季度，债市并没有由熊转牛，反而成了黎明前最黑暗的时刻，多数人都被定向降准这个政策信号迷惑了，因为我们忽略了当时的宏观基本面，也忽略了那次降准是一次 4 个月之后才实施的远期政策。回顾 2014 年首次定向降准的背景，当时的宏观数据连续下滑（3 个月及以上）：

GDP 增速——2014 年第一季度明显下降（从 7.8% 降至 7.4%）。

工业增加值增速——2013 年 11 月～2014 年 2 月，连续 3 个月下降（从 10.3% 降至 10%、9.7%、8.6%）；之后略反弹，2014 年 7 月开始连续整体下滑，直至 2017 年 3 月才明显上了一个台阶。

官方制造业 PMI：2013 年 11 月～2014 年 2 月，连续 3 个月下降（从 51.4% 降至 51%、50.5%、50.2%）；之后略反弹，2014 年 8 月又开始连续整体下滑，直至 2016 年 2 月止跌回升。

PPI：2014 年 1～3 月，连续 2 个月下降；之后略反弹，2014 年 8 月又开始连续整体下滑，直至 2016 年 1 月止跌回升。

城镇固定资产投资——2013 年 9 月～2013 年 12 月，连续 3 个月下降；之后略反弹，2014 年 7 月开始又连续整体下滑。

从前面的数据可以看出，多数数据是从 2013 年第四季度开始下滑的，当宏观数据连续下滑 3 个月及以上之后，央行在 2014 年 4 月 22 日宣布定向降准，并于当月 25 日执行，当时债券市场十年国债收益率也确实下行了 30bp，但 1 个月后，再次反弹 30bp，真正的趋势性大牛市是从 2014 年 9 月 9 日才开始的。为什么？根本原因就是宏观数据（基本面）的变化。当时反弹 30bp 的时候，正是众多宏观数据略反弹的阶段，而 2014 年 9 月 9 日之后下行，也正是因为众多宏观数据是从 2014 年 7 月下滑开始的。而且，在 2014 年至 2016 年 10 月的大牛市中，2015 年 2～6 月的那次明显回调，其实也是宏观数据的短暂回暖所致。

这也就不难理解，为什么 2014 年 9 月末定向降准了，债券市场却暴跌了。因为当时公布的宏观数据表现尚好，至少没有出现一致性下滑：

GDP 增速——2017 年第三季度略下降（从 6.9% 降至 6.8%，但比 2016 年第三季度的 6.7% 要好）。

工业增加值增速——2017 年 9 月好于 7 月和 8 月，上升。

PPI——2017 年 8 月、9 月均好于 5～7 月，上升趋势。

官方制造业 PMI——2017 年 8 月、9 月均好于 7 月，上升趋势。

城镇固定资产投资——2017 年 9 月好于 8 月，上升。

一位权威人士曾讲过，央行货币政策在制定时，也要盯宏观数据，一般是看两个季度的数据，即半年左右的数据。这也就能解释，为什么 2013 年第四季度至 2014 年 2 月，在宏观数据连续三四个月下滑后，央行启动了定向降准。

所以，我们一定要以数据为依据，千万不可以自己臆想，要顺应数据，而不是顺应感觉。

复盘历史，不是为了预测未来，而是为了应对未来

历史数据、历史走势、历史场景，都有其参考意义和研究价值，忘记历史，就等于忘记过去，没有对历史的反思和复盘，就等于进入了没有路标、没有导航的茫茫沙漠，心里就会发慌发怵。然而，我们的复盘不是去刻舟求剑，也不是拿着历史数据去预测未来的走势，那么，我们研究历史数据、历史走势和历史场景的意义何在呢？研究历史，不是为了预测未来，而是为了应对未来。

"人不能两次踏进同一条河流",历史虽然总会相似,但绝不会简单重复。相似的历史、周而复始的周期,背后的推动力是亘古不变的人性,但它不会简单地重复,因为人具有超强的学习能力,上次发生的场景和波动,所有人都能看到,它要么提前,要么滞后,要么根本不发生。人类历史滚滚向前,科技迭代进步,并非人类的智力发生了明显的进化,而是人类在学习历史经验教训的基础上,不断地实践、反思,以此循环,不断进步。

《孙子兵法》诞生于春秋时期,那个时代的弓弩刀枪,已经发展成当代的火箭卫星,无论是前人还是后者,都是完全预测不到的,但为什么这本书却历经千年而不衰呢?正是因为《孙子兵法》不是在告诉我们如何预测战争,而是告诉我们如何应对战争。它研究的是战争中的人性,而不是战争中的形态,正因为人性千年不变,当代的我们才与古人有似曾相识的共鸣。

根据历史数据图形预测未来的失败经历

2014年第一季度,我确实认为收益率已经处于顶点位置,但根据之前的历史图形来看,十年国债收益率在达到顶部位置时,都会出现U形顶,在二次探顶之后,牛市才能到来。而且我还根据历史图形得出,二次探顶之间的时间间隔大约是1年,也就是说,由此推断,在2014年底或2015年初时,收益率会回升至顶点,之后才会迎来真正的大牛市,在2014年初至2015年初这段时间内,收益率会先下后上,形成U形顶。做了未来一年的预测后,我在操作中付诸了行动,看到利率为8%的城投债就拿了些,因为毕竟是顶点,利率也高,能扛住阶段性的上行,这个操作没有问题,是对的。但这只是一部分仓位，大概只有五成，另外的一半仓位配置的都是一年期的短融。为什么要配置一年期的短融呢？因为自己想着，一年后自然到期，不正好可以腾出仓位，在U形顶的另一个顶点配置长债嘛！到时就可以满仓长债，享受大牛市了。然而，真正的市场走势并不是我根据历史数据预测的那样。2014年，债券收益率一路震荡下行，并没有出现什么U形顶，更没有给我第二次在最高点配置的机会。

根据历史场景预测未来的失败经历

2017年是债券走熊的一年，而在当年的9月末，央行宣布降准，让我开始翻多。但实际的走势并不是我预测中的牛市的开始，而是进入了黎明前最黑暗的时刻。当年为什么那么坚定地看多？就是因为那时的场景太像2014年熊牛转换的时候了。2017年9月27日，国务院总理李克强主持召开国务院常务会议，提出采取减税、定向降准、适当给予再贷款支持等手段，加大对小微企业发展的财政金融支持力度。然后，2017年9月30日，央行宣布定向降准。这与2014年熊市后央行首次降准时的场景简直如出一辙：2014年4月16日，国务院总理李克强主持召开国务院常务会议，提出加大涉农资金投放，对符合要求的县域农村商业银行和合作银行适当降低存款准备金率。然后，2014年4月22日，央行宣布首次定向降准。两个时期的债市背景也非常相似：2014年4月定向降准时，债券市场刚经历了2013年的大熊市，从2014年初开始出现缓和，长债收益率缓慢下行；2017年9月同样如此，也是在经历了2016年末至2017年上半年的熊市之后，开始从6月出现缓和。所以，多个场景太像，自己就线性外推，认为牛市行情到来了，并开始在2017年第四季度做多，结果可想而知。虽然2018年的大牛市打了一个翻身仗，但过早地抄底，就是源于对历史场景的简单套用。

复盘，给了我们模拟未来的机会，这个机会不是让我们占卜未来，而是让我们知道如何应对未来。就像我们高考前做模拟题，海量做题不是为了去押题、猜题，而是为了举一反三地解题。

历史虽然很相似，但我们绝不能简单套用去预测未来，无论是历史走势，还是历史场景，都不会简单重复。站在现在看历史，如果我们在过去，该如何应对已知的未来；站在现在看未来，如果我们在未来，该如何应对皆有可能的未来：这才是我们复盘的意义所在。复盘，不是为了预测未来，而是为了应对未来。历史，一切皆已尘封；未来，一切皆有可能；现在，一切皆有应对。

事不过三

> 事不过三：形成阻力位，确认阻力位，突破阻力位

事不过三：第一次是市场形成阶段，第二次是市场学习阶段，第三次是市场复制阶段。第一次，完全无法预测，必须让市场告诉我们，它是多空力量自然形成的一个区间或趋势；第二次，就是市场上的勇者学习和借鉴了之前的市场波动，并以此为参照，进行类似的操作；而第三次，就是全市场都看到了前两次的行情走势，开始复制前两次的行情，而这往往是最后的疯狂，因为几乎所有人都

学习和看清了之前的行情，结果往往是突破，或者是反转。

2017年春节前后的那轮债券熊市的初期，春节前央行上调了MLF利率，节后又立马上调了SLF、公开市场利率。在一片恐慌声中，十年国开债收益率上冲至4.20%附近，之后，情绪缓和，下行至4.05%，这样就形成了一个区块区间。之后收益率在这个已经形成的区间内再来了一个回合。人的学习能力很强，市场似乎都看到了这个区间，所以，很多人就在收益率第三次上行至区间上边缘时买入做多，期待收益率的再次下行，然而，第三次没有再重复之前的规律，而是选择了向上突破。

2018年11月，十年国开债收益率在那轮牛市中第三次下行至重要整数关口4.0%，并趋势性向下突破。具体可以分解为：7月19日形成阻力位4.05%，8月6日确认阻力位4.04%，11月14日突破4.0%至3.99%（见图3-1）。

2019年全年，债券市场都处于大的横盘震荡状态，十年国债收益率在3.0%～3.45%之间横盘。当年4月，在经济复苏及猪肉价格大涨引发通胀预期的共同作用下，出现一波大调整，收益率从3.05%上行至3.45%；5～8月，又因中美贸易战加深及包商事件，收益率震荡回落至3.0%；9月、10月，因中美贸易战缓和及猪肉价格暴涨，债市再度大调整，收益率从3.0%上行至3.35%；11月、12月，因经济不稳，债市收益率重新开始回落，至2020年1月，十年国债收益率第三次触及3.0%，之后，因新冠肺炎疫情发生，十年国债收益率突破3.0%，一路下行至2.50%附近（见图3-2）。

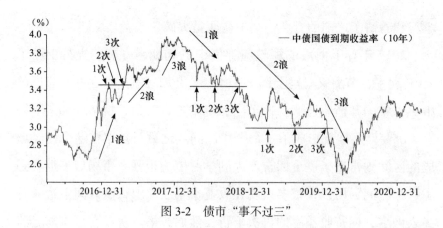

图 3-2 债市 "事不过三"

其实,无论是横盘的行情,还是趋势的行情,很多时候都是"事不过三"。横盘时在区间内震荡,第一次形成区间(阻力位),第二次确认区间(阻力位),第三次就会突破;趋势性上涨或下跌时,有波浪理论的三浪规律:形成趋势聚人气,确认趋势主升浪,高位趋势最疯狂。

其中,三浪对应三个过程:能量聚集、能量爆发和能量延伸。

能量聚集,就是区块的重叠,在区块内横盘震荡,多空双方反复较量。

能量爆发,就是突破区块后,以进二退一(即回撤 1/2),甚至进的大于二、退的小于一的方式趋势前进。

能量延伸,就是在能量集中释放之后,趋势减弱,趋势的斜率将变小,二次探顶或探底将出现。

区块震荡的事不过三,与波浪理论的三浪遵循同一个驱动原理,那就是人性。如果在阻力位第一次形成前,我们不知道市场的边际(阻力位)在哪里,那么,当第一次形成、第二确认后,人的学习能力就会使得几乎全市场的人都以为自己看到了机会,就会试图利用前期的波动获利。但是,资本市场毕竟只有少数人赚钱,多数人赔钱,所以市场不会再给第三次机会。当行情第三次出现时,就会与之前不一样,多数会选择突破阻力位,要么顺势突破沿原趋势继续运行,要么逆向突破发生反转。

"一鼓作气,再而衰,三而竭。"打仗如此,做投资也是如此,因为背后的人性是相通的,投资也是人与人之间的搏斗。所以,不要自作聪明地以为,同样的行情出现两次后,自己就掌握了规律、看到了机会,就期待行情出现第三次,进而从中获利。这种想法很危险,往往第三波是"韭菜"行情,不但不应该参与,反而应该从反方向去思考。

人类的学习模仿能力超强,这是人的优势,是人的正常思维。但从投资的角度看,或许正是被人利用了人性弱点,投资才常会出现"事不过三"。第一次是市场走出来的,第二次悟性高的就要去模仿了,第三次全市场都会去模仿,而第三次就会有人抓住弱点来反向交易,甚至第二次就会有人利用。这就是人们常说的:"只有再一再二,没有再三再四。"

近期波段不复制,远期周期不能忘

人们很容易忘记远去的历史,在冬天里忘记夏天的炎热,在夏天里忘记冬天的严寒,但却很容易记得并线性外推近期的情形。

然而,赚钱是反人性的,只有少数人是对的,那么,站在少数人的角度思考,应该如何做?

(1)不忘远去的周期。人们容易忘记上一轮、上上轮或更远的周期波动,每次市场疯狂或恐慌的时候,总是说"这次或许不一样",但结果每次都会有一样的回归。

（2）忘记最近的波动。当人们在最近的一次波动中被套或者踏空后，就会反思、吸取教训，就会说，上次错过了，这次一定做对。于是，就试图在下次的波动中捞回来或者做对，这种"捞回来或者做对"的方式就是复制模仿上次的波动，这是一种报复性交易。所以，后市稍微有一个与上次相似的波动，就会立刻去做上次没有做的操作，以为上次的波动将再次发生。

如果上次收益率上行，本来应该在刚开始小幅上行时，就去卖出做空，但却因为自己的犹豫或其他原因而没有去做。而如果后市再次出现相似走势，就会立刻卖出做空，以为行情将再现同样的调整。同理，如果上次收益率下行，本来应该在刚开始小幅下行时，就去买入做多，但却没有去做。所以，如果后市收益率再次出现上次类似的向下走势时，就会立刻买入做多，以为机会将再次出现。这种心理尤其是在第三次相似走势出现时，会非常强烈。这正是横盘震荡给我们带来的心理变化。

事不过三，市场往往不会简单地复制上一次的波动，尤其是第三次，但人们却往往会简单地去复制上次的操作，以为观察和学习到了真经，而实际上一定会以你（多数人）想不到的甚至正好相反的方向运行。因为你看到了，别人也看到了，而赚钱的却只有少数人。所以，当你在最近一次波动中吸取教训，并试图在下次操作中挽回时（这是人性弱点，谁都会这么想），要记住，每笔交易都是独立的，不要做这种报复性交易，我们要在顺大势的前提下，按照自己的交易原则独立进场出场。

| 第 4 章 |

不回头,看趋势

正确的路上,永远都不晚

👉 不回头

适者生存,做投资也是如此,要有很强的对市场的适应能力。不要总回头看,觉得收益已经很低(高)了,不可能更低(高)了,空间已经不大了。你怎么知道不可能再低(高)了?空间不大了?其实这都是人性弱点驱动下的"感觉"。

欧洲、日本的利率都还是负的,中国的为什么就不能更低?十年美债收益率从20世纪50年代的2.3%一路升至80年代的15%,中国为什么就不能更高?2015年万科发行的公司债的利率可以低于同期限的国开债,2020年茅台发行的公司债的利率仅高出国债利率12bp,2014年初遍地都是8.0%以上的东部地区城投债,还有什么不可能?只要市场敢想,一切皆有可能。

低是相对于过去的高而言的,如果收益继续往下走,现在就是未来的高点。所以，适应当下、面向未来才是正道。要对市场有适应能力，要迅速适应市场的变化，并根据当下的市场点位，来应对现实的市场环境，赚取未来的利润。

过去的就让它过去，错过的就让它错过。不恋过去，不畏将来，珍惜当下，赢得未来。

我们不要回头留恋过去的高点或低点，不要后悔没有在最好的位置入场或出场，市场的底和顶就是用来参照的，用来破的，不是用来后悔的，市场的未来才是你的未来。

越回头，越害怕。顶点是用来参照的，不是用来下单的。当市场上涨时，一回头，就觉得涨得太多了，高处不胜寒，不敢下手，总是担心市场会随时掉下去。这种心理就像我们爬到高处一样，越往上爬，越回头，越害怕。或者就像走玻璃栈道，越往下看越害怕。这都是相通的人性。所以，不能回头看，越回头，越下不了手。看信号，看未来，买未来。

👆 看未来，买未来

投资圈常说，牛市用新手，熊市用老手。牛市中的新手没有经历过大的熊市，在牛市的赚钱效应下，只管买买买、加加加（杠杆），什么热门搞什么；而老手是经历过大起大落的，知道在疯狂的时候控制自己的情绪，但这往往又会让自己过于谨慎而提前下车。在疯狂的时候，反而越有经验业绩越差，正所谓"经验主义害死人"。如何处理趋势的尾部，是任何一个投资者都必须面临的重大问题，是与狼共舞享受泡沫，还是逆向思考提前布局，都需要我们做出艰难的抉择。这与个人性格、仓位大小、市场环境等都有关联。

为什么历经风雨也不一定能做好？因为老手总是回头看过去，总是拿着过去的经验与现在做对比，却忘了金融市场唯一不变的就是变。一般性的工作可以靠经验去线性外推，但投资是人与人之间心理的博弈，它的思维方式不是线性的，而是逆人性的。如果你的经验还只是停留在对市场本身的回顾上，而没有提炼为更加客观的、能够战胜人性弱点的投资体系，那么，经验就只会成为你前进的绊脚石，而不是腾飞的垫脚石。

所以，不要老看过去，要基于现在看未来。过去的经验不是没有用，而是要把过去的经验提炼成应对市场的策略，战胜自我的心理。不是简单地拿过去的历史数据算个概率，然后就按某个概率简单地套用。拿历史数据算下概率，谁都会做，如果能够这么简单地把钱赚了，那就太简单了。

投资，是一个上百年的古老行情，任何你能想到的交易方法，前人都研究过，历史数据、技术方法大家都能看到，你只有比别人更强才能赚得超额收益，否则你只能跟在别人后面被收割。

这种"更强"体现的不是你的投资体系有多缜密，交易计划有多完美，而是你是否战胜了自己，严格执行了投资体系和交易计划。战胜自己就是战胜市场，与市场博弈就是与自己博弈，因为市场无时无刻不在引诱你放弃自己的体系和计划。

不要简单地靠历史数据和市场经验来操盘，而要战胜自己，看未来，买未来。

👉 顺势而为，永远都不晚

正确的路上，永远都不晚。"不晚"说明已经发生，趋势已经明朗，你看到的位置已是市场的右侧。

阿里巴巴创始人曾说：很多人输就输在，对于新兴事物，第一看不见，第二看不起，第三看不懂，第四来不及。其实，这四个阶段放在投资上，对应的就是左侧和右侧的问题。在左侧，"看不见"拐点何时出现；在右侧，"看不起"起步时的那一点收益，觉得那只是熊市中的一个小反弹罢了；在右侧的主升浪，完全"看不懂"为什么大涨，开始谩骂整个市场的不理智；而在右侧最疯狂的顶点，又"来不及"了，但很多人却正是在这个"来不及"的时刻，想清楚了所有上涨的逻辑，开始疯狂地去追。

其实，市场中每个人都很聪明，也都很清楚上面的四个阶段。正因为非常清楚这四个阶段，所以没有人愿意给别人接最后一棒。也正是因为不给别人接棒的这种自认为聪明的心态，阻碍了本来可以在看到右侧趋势出现时抓紧上车，去吃"鱼肚子"的那部分肉。结果却是在谩骂中错失一天天的行情。

做左侧叫预测，因为还没有实际发生，无论是根据历史数据，还是根据个人经验，都属于预测的范畴。

做右侧叫策略，因为已经发生了，无论是趋势的起点，还是趋势的终点，只要趋势没有实际改变，我们就不去预测何时改变，而是只去应对已经发生的事实，这就是应对策略。

分析预测，更多的是卖方分析师的工作；而应对策略，才是买方操作手思考的问题。顺势者昌，逆势者亡，"顺势而为"是每个投资者都知道的道理，但真正能做到的少之又少，因为太多人试图靠预测未来去赚钱。殊不知，顺势而为是"势"在先、"为"在后，即趋势在前、操作在后。我们要先等趋势出来，才能在拐点的右侧顺势操作。我们不能被人性弱点"涨了，有恐慌""跌了，有希望"驱使着逆势而为，上涨趋势形成了，反而整天诚惶诚恐地担心哪天会掉下来，要么不敢追，要么被震下车；下跌趋势形成了，反而整天觉得能捡便宜货了，要么死扛不想卖，要么着急去抄底。

新手最崇拜的是那些偶尔预测对一两次市场拐点的人——那些侃侃而谈、花拳绣腿的人。真正的高手常常挂在嘴边的一个回答是"不知道"，但这会被90%的人嗤之以鼻。高手之所以是高手，不是因为他能准确地预测市场，而是因为能够踏踏实实做一个市场的顺势跟随者。

不要以为被套才是风险，才需要止损，踏空同样是一种风险，而且是比被套更让人难受的风险。无论是被套，还是踏空，都需要止损。当你与市场赌气、与央行赌气时，你已经站在了趋势的对立面。

机会需要耐心等待，但机会来了就不能怠慢。嗅到了就一定要迅速抓住，不能左顾右盼，找风险、找理由继续等待。看到机会就要迅速抓住，看到风险就先撤出来。即使判断错了，也是很好的经验总结，因为任何机会都不百分百正确。

正确的路上，永远都不晚！不要因为几个bp，错过整个趋势。

👉 不怕看错，就怕不认错

无论是买入还是卖出，我们的内心最忐忑不安的时候，是刚刚操作的时候，想立马让市场证明我们的这次操作是对的，所以会很紧张地盯着每天的盘面波动。其实，这仅仅是刚开始时的表现。在入场被套之初，还有懊悔和痛苦的感觉，等亏到后面，就会变得麻木和无知,死猪不怕开水烫,越是亏,越不想管它。当然这个过程也是痛苦的,但又因自我麻木而不去截断这种痛苦。收益率上行(价格下跌)的时候,期盼着赶紧掉头;收益率下行的时候,臆想快点解套。总之,无论怎么样,都不想卖出认输。

我多年前被套后在一篇笔记中写道:"平心而论,现在依然处于熊市之中,即使已经处于收益率顶峰,但依然是熊转牛的左侧。虽然自己承认看错了,但却做不到卖出离场,不甘心啊!"

如果只是方向看错了,那说明自己对市场判断不准确,还可以去做研究来改进。但是,最可怕的是,已经达到止损位,却没有及时止损,而且越亏损,越没有动力和勇气去止损,越想赌回来。不要为了面子而不想认错,只有及时认错,才能避免更大的损失,挽回更大的面子。

被套后收益率上行时,我们盼着赶快下行,真的下行后又盼着再多下行一点。这是"跌了,有希望"的人性弱点,也是永无止境的贪婪心态。为什么会这样?是因为我们没有建立自己的投资体系,不知道自己的能力边界,更不知道什么钱是该赚的,什么钱又是该主动放弃的,我们无时无刻不在被市场牵着鼻子走。

忘记一时得失,只看趋势做市价

忘记成本价、成交价,只看趋势做市价

如果说"踏空几个bp,就错过整个牛市"让人唏嘘的话,那么,更让人不爽的是,我们看到了入场的机会,但在询价时,因为

纠结半个bp，而错过一大波行情。或者，本来自己看到了风险，但就是因为差几个bp没有到自己的成本价，抱着"不想亏着卖"的心态，而没有及时离场，导致后面亏得更多。还有一种情况，不是因为纠结，也不是因为成本，就只是心理不平衡，因为没有在好的历史成交价上。

在投资中，我们要忘记自己的成本价，忘记市场的（历史）成交价，不纠结几个点的得失，看未来，买未来，跟随市场的趋势做决定，按市价成交，而不是按照自己的成本价，或者历史成交价来做决定。如果回头看你的成本价、历史成交价，你将犹豫不决，无法下单。我们应该忘记自己的买入和卖出价格，如果一直想着这些价格，其实就是"回头"了，你会老想着以这些价格作为标杆，会放大自己的恐慌或疯狂的情绪。如果错了、踏空了，心里就会很不爽，就会期待着收益率回到自己卖出的位置，再买回来；如果做对了，就会贪婪地不断期待收益率继续上行。这样就不会客观地按照原则进行交易。忘记买卖价格就是不回头的具体体现，只有忘记，才能看未来、买未来，才能更加客观地按照原则交易。

2018年5月的一个交易日，按照交易计划，应该要入场做多，当天有四次买入就赚钱的机会，但都因0.25bp的差距没有成交买入。不停地回头看，让我陷入了纠结的恶性循环之中，将人性的贪婪暴露无遗。一早本来可以在4.48%的位置拿到十年国开180205，但收益率到这个位置的时候，自己又想在4.485%拿；当收益率下行到4.4775%的时候，自己又想在4.48%拿；而当收益率下行到4.475%的位置时，自己又想在4.4775%的位置拿；到临近收盘时，再次下定决心在4.45%的位置去拿，但市场又下行到了4.4475%。

最后与市场一置气，不拿了，结果错过了后面十几 bp 的行情。总是比市场价高半个 bp，一步步错过入市的机会，之后收益率越下行，越不爽，越不想拿，总是后悔没在上一个位置入场。

跌的时候盼着涨，想着等涨一点再卖；但真涨的时候，又盼着再涨一点再卖；当盼来的不是进一步上涨，而是调头下跌时，又后悔没有在刚涨一点的时候就卖掉。总是小赚大亏。

我们看好大势，就不要在乎一时的得失，不要被小诱惑所吸引。当在某个价位附近决定买入时，比 OFR 价格好一点，只问一嘴，对方不给就直接 TKN。㊀同理，当在某个价位附近看空卖出时，比 BID 价格好一点，只问一嘴，对方不要就直接 GVN。㊁尤其是对于一些活跃的债券。

不回头，正确的路上永远都不晚。不要因为半个 bp，错过 10 个 bp；不要因为 10bp，错过一浪行情；不要因为一浪行情，错过整体牛市。

👉 高手做势，新手做价

《股票作手回忆录》中有这么一句话："如果我打算买入一只股票，我会选择在顶部买入；而卖出一只股票，则选择在底部卖出。"

当我读到这句话时，以为自己看错了，但实际上是自己的境界太低了，理解不了大师的深意。在牛市中做多，在熊市中做空，作者买涨不买跌，核心意思就是做右侧，等待趋势形成后再出手，而不是做左侧。一般人都会恐高，会以为价格已经涨这么高了，随时

㊀ OFR 指卖出，TKN 指接受卖价并买入。
㊁ BID 指买入，GVN 指接受买价并卖出。

有可能下跌，不敢买！但对于高手来说，一般人认为的顶部，正是他们所认为的最小阻力线方向，即趋势。今天你看到的价格，是过去一周、一个月甚至一年的最高价，但也可能是未来一年甚至十年的低价。牛市不言顶，熊市不言底。我们无法判断顶点在哪里，但可以看到趋势在哪里、最小阻力线在哪里。你我也不知道明天市场是否会掉头反转，但在趋势走坏改变之前，在支撑趋势方向的条件走坏之前，我们必须眼见为实，不能犯"涨了，有恐慌""跌了，有希望"的错误。

今天我们看到的高点和低点，未必是趋势的顶点和底点。在卖出时，高手选择在底部卖出，今天的底或许就是明天的顶，因为他卖的是下跌的趋势，而不是某个点位。当股价跌破5日、10日甚至半年线时，一般人会觉得：哇！机会来了，股价已经这么便宜了，还能跌到哪儿去？于是在下跌中反而有了希望。但实际上，每一个价格曾经跌破的支撑线，都会立刻转变成未来的阻力线，这说明下跌已成惯性，最小阻力线就是向下的，跌破的支撑线越多，下跌的惯性就越大，趋势就越明显，未来上涨的阻力也就越大。

这或许就是一般投资者和投资大师的区别吧，一般人是越错越买、越对越卖，这是人性弱点的反映，而真正的好投资都是反人性的，"顶部买入，底部卖出"是高手的理念，因为他们的眼里是趋势，今天买入的顶就是明天趋势的底。而一般投资者眼里只有自己的成本价、成交价，每天的浮盈、浮亏，自然就会被人性弱点裹挟，被感情驾驭，小赚就跑，大亏死扛。

| 第 5 章 |

市场不会永远正确

市场并非永远正确

👉 市场也会出错

以前一直认为"市场永远是对的",但后来强烈地意识到,市场并非永远正确,有时也会出错,而这种错误正是我们获利的机会。

正如《华尔街幽灵》里所言,如果市场永远是对的,为什么市场里多数人是亏钱的呢?(而市场不正是由多数人组成的吗?)

如果你相信市场永远是对的,那么你就只能做一个右侧的感性跟随者,而无法做一个左侧的理性者。因为你时时刻刻都相信市场,所以,当市场上涨时,你会觉得市场上涨是对的,就去追;当市场下跌时,你也认为市场是对的,就去卖。总之,市场怎么走,你就怎么操作,永远跟在市场后面走,做所谓的右侧交易或者做趋势跟踪者。尤其是在多空新闻刺激下,这种简单的跟随,只会让我们沦为被市场反复打脸、反复收割的韭菜。

并不是说做趋势跟踪者的策略错误，赚大钱必须做趋势的跟踪者，但不是做情绪化的、被消息刺激简单追涨杀跌的跟踪者，而是要在顺大势的前提下，做一个顺大势、逆小势的理性左侧趋势跟踪者。

做左侧交易，优点是可以"以毒攻毒"，用"屁股决定脑袋"的人性弱点抑制"涨了，有恐慌""跌了，有希望"的人性弱点；缺点是要接下落的刀子。

做右侧交易，优点是更能看清拐点；缺点是"涨了，有恐慌""跌了，有希望"的人性弱点会被放大，需要更大的勇气去追。

要想知道什么是"正确"，我们就必须要追根溯源，找到一个参照物，知道标准是什么，即市场的价值是什么。债券市场的本质就是套利，所以，我们可以将利差作为债券投资最本质的标杆，虽然有时会出现背离，但从长期趋势上看，却有其参考意义和价值。正是这种偏离，才能让我们看到市场出现的错误，要么是价格短暂偏离价值出现的错误，要么是价值本身需要进行重估。我们要利用市场的这种错误，去发现投资的机会。这里可参考投资分析体系八大信号中的套利信号。

债券市场流动性的源头在央行，其波动的直接原因就是央行货币政策的变动，当然货币政策也是根据经济基本面的情况来做相应调整的。所以，我们从央行政策变动来进行分析。当货币政策开始转向宽松时，央行"放水"是一个逐步的过程，即市场融资成本的下降是一个逐步的过程，所以资产价格的上涨（债券资产收益率的下行）也是一个逐步的过程。假设市场完全正确、有效、没有出错，那么在固定套利空间下，央行下调一次利率，资产收益率就应该跟随着断崖式下降一个台阶。

这是一个完全有效市场的假设。让我们根据实际情况逐步增加外部条件：

1. 认知需要过程

央行对基本面的认知、判断、政策决策需要一个过程，市场对央行政策态度的认识理解和判断也需要一个过程。央行"放水"或收紧由小到大、由隐性到显性，这就导致市场对货币政策态度的认识也需要一个过程。

假设两个认知过程是线性的、匀速的，套利空间是固定的，那么，负债成本和资产收益率也将以一定的斜率匀速下降或上升，而不是断崖式下降或上升。

总之，认知需要过程，所以市场的涨跌是一条倾斜的曲线。

以上假设都还属于最理想化的状态，下面是市场开始出错的过程。

（1）政策制定者认知的不足或过头导致市场出错。

政策制定者即央行也是根据基本面的变化走一步看一步的，不会基本面转差就一次性把一波宽松周期的水都放了，而是先公开市场松动，再降准降息等。假设某一轮衰退周期需要降准3%，对应的债券资产收益率下行200bp。但是央行开始时看到的数据并不支持降这么多，而是以0.5%的幅度来降，而且"放水"的时间间隔也不一定。所以开始时负债成本并未降太多，对应的资产收益率也不会一步降200bp，而实际上真实的价值就是降了200bp，只是因为央行对基本面衰退的认知在开始时并不充分，导致市场出错。在央行"放水"到一定程度后政策会进入观察期，最后政策再转向，然而，进入观察期和转向都有可能过早或过晚，这都会导致市场出错。

比如2019年第一季度，PPI等经济数据企稳，央行货币政策就进入了观察期，且资金面边际收紧，导致债券收益率上行。但在4月PPI再度走弱，央行货币政策回归宽松，债券收益率再度下行。

作为投资者，如何识别这种错误，并将其变成自己获利的机会？那就只能站在政策制定的角度去看基本面的变化，去识别央行政策的方向，看是否有过失。这需要对宏观基本面有很强的研究能力以及相关数据的支持，而且要清楚央行政策合意水平的标准是什么。其实更多时候，我们很难做到比央行还早发现问题，因为我们看到的宏观及微观的数据一定没有央行全面。但这依然是发现市场错误的一个重要观察方向。

（2）市场认知的不足或过头导致市场出错。

市场认知的不足或过头会减缓或加快趋势。

当央行货币政策开始转向时，市场并没有完全认识到政策已经转向了。因为在一轮趋势性收紧或者放松政策周期的中途，也会有间歇性的边际变化，就像（1）中所言，央行也会有认知上的不足和过头，政策上也会有观察、微调，甚至反复。所以，当政策大方向真的开始转向时，很多投资者不会意识到这一点，还沉浸在原来的惯性思维中。这就导致在市场真正拐点出现的初期，债券收益率下行或上行得会比较缓慢，曲线斜率会比较小。央行"放水"或收紧会先用短期工具，虽然边际变化了，但并不是很明显，市场更多地表现出右侧阴涨或阴跌行情。

这就是市场认知不足导致的市场出错，即市场认知不足使得市场上涨或下跌的速度小于正常速度（没有消息推动的阴涨或阴跌），这就是机会，赶紧上车或出逃的机会。

如果央行政策由隐性变为显性，比如由公开市场操作转向降准或提准，那么，全市场都会知道央行货币政策转向了，这时市场的认知又会过头，导致上涨或下跌的速度快于正常速度，将正常的套利空间压缩到极致，透支未来的空间，这也是市场在犯错。虽然这种错误不会改变市场的大趋势，甚至指明了未来的方向，但是这种被消息刺激的快于正常速度的明涨明跌，一般会有一个均值回归和修复的过程，在回归结束后，还会沿着原有的方向运行。

这就是市场认知过度导致的错误，这个错误本身是短线平仓操作的机会。但因为过度认知的错误一般不会改变原有大趋势，反而可能会有短期的修复和回归，这正好是顺大势、逆小势再次上车或出逃的机会。

2. 人性弱点导致市场出错

人性弱点往往会减缓市场的趋势。

投资中有两大人性弱点：涨了，有恐慌；跌了，有希望。这两大人性弱点，正是波浪理论背后的心理基础。

当市场趋势性上涨时，"涨了，有恐慌"的人性弱点会让踏空者不敢继续追，持仓者想获利了结，当多空力量逐渐失去平衡后，市场就会下跌，形成上涨趋势中的调整浪。

这就是市场在出错，这种调整浪并非趋势的结束，而是人性弱点导致的市场出错，这是顺大势、逆小势上车的好机会。如果看不到这一点，就会误以为上涨趋势结束了，熊市要来了，很多人会在这个位置仓皇出逃，这种回撤或震荡就是趋势行情中最大的陷阱。

同样，在下跌的趋势性行情中，"跌了，有希望"的人性弱点会让持仓者不卖死扛，让空仓者跃跃欲试想抄底，当多空力量逐渐失去平衡后，市场会出现回暖，形成下跌趋势中的调整浪。这种回暖只是下跌趋势中短期的回光返照，是"跌了，有希望"的人性弱点造成的市场出错，这是持仓者出逃、空仓者做空的好机会，千万不能以为是市场拐点出现了，否则空仓者会被骗上车，持仓者臆想能解套。

3. 消息或事件导致市场出错

消息或事件会加快趋势。

市场涨跌的核心是资金面下资产与负债的利差，消息或事件本身无法推动市场的涨跌，但它们却是市场的催化剂，可以加速市场的涨跌，因为它们能够改变市场短期的预期。

同样的消息，出现的时间不同，发挥的作用也会不同，只有在市场需要的时候，它才会被放大，它的催化作用才最好。由此可见，催化的方向就是市场的主力方向。但是，催化过程的明涨明跌过快地透支了未来的部分预期和空间，所以这也是市场的暂时出错。这种大事件推动的行情，一般在持续两天半后，就会因用力过猛而出现修复性回调，而回调过程也是一个出错的过程，因为这种回调只是人性弱点带来的修复，而非季节的真正转变。就像冬天里，正常的气温都是下降的，但在下了一场大雪后（催化剂），气温会骤降，此后会略有修复性短暂回升，但却不能改变整体降温的大趋势。

在利多或利空消息刺激下，市场快速大幅上涨或下跌，这是市场主动选择放大了利多或利空消息，这其实是一个测试器、一个指南针，告诉了未来市场的大方向。但是，往往在大幅上涨或下跌后，"涨了，有恐慌"的人性弱点会让大量获利者感到恐慌，急于落袋为安而抛盘，价格就会出现回调，这种被人性弱点驱使的回调，就是市场在出错，也是上车的机会；同样，在利空消息刺激下的大跌后，"跌了，有希望"的人性弱点会让大量投资者认为捡到了便宜货，于是便上车抢反弹，这种被人性驱使的回暖，同样是市场在犯错。

催化剂的刺激过程透支了未来的部分空间，是市场在出错，而修复性回调逆了大势也是出错。所以，这两个错误都是机会。如果做短线，可在催化过程中逆大势平仓，在修复过程中顺大势建仓；如果做中长线，则可忽略催化过程，直接持仓不动，或者是利用修复错误建仓。

要想真正识别出市场是否出错，到底是真拐点，还是假调整，就必须要跳出市场本身每天的涨涨跌跌，跳到圈外，与市场多空双方保持距离。如何做到这一点？要根据市场本身的特点，找出影响市场波动背后的基本逻辑和相关因素，以此来建立脱离市场本身涨跌的多维度市场趋势评价定位体系，即季节变化信号。对于市场大势的判断，不要去盯着市场涨跌图形，而要盯着各个季节信号的变化。市场的涨跌只是一个结果，纯粹的技术分析也只是多维度季节信号中的一个，而且因为它只是一个结果，纯技术分析很难做到左侧的理性。只有跳出市场本身的涨跌，以多维度季节信号为大势依据，才能更加客观中性地发现市场出错的机会。

真正的趋势拐点（季节变化）不是由单个技术指标就能判定的，而是由包括技术指标在内的多个市场季节信号来综合判定的。在信号未提示季节发生变化之前，在技术图形尚未走坏之前，就不能逆季节大势，而是要在顺大势的前提下，挖掘市场出错良机，顺势而为，做小势上的左侧、大势上的右侧。

👆 市场不会永远正确，但市场趋势永远正确

　　大势永远正确，小势往往错误。因为回调的小势往往不是因为大势的改变，更多是因为人性弱点的驱使。当大势上涨时，"涨了，有恐慌"的人性弱点就会使得抢顶的卖盘增加，市场出现调整，这正是抓住市场犯错的时机，"顺大势，逆小势"入场的好时点；同样，当大势下跌时，"跌了，有希望"的人性弱点就会使得抄底的买盘增加，市场出现短暂的回暖，这也是市场在犯错，同样需要我们"顺大势，逆小势"地抓住机会卖出做空。所以，真正的高手懂得抓住市场犯错的机会，是敢于"顺大势，逆小势"的市场舞者。

　　"一笔交易之所以能执行，是因为买卖双方对价值的看法不同，而且一定有一方出了差错……'捡漏'的深度价值投资者们，在别人关注错误本身时，他们关注的是错误生成的前提条件……他们永远比别人早一步。他们对人性了如指掌：年景差时过分悲观，年景好时过分乐观；低估困难，却高估解决困难的能力。人性动不动就不理性，动不动就死磕，直到扛不下去破罐破摔……错误产生了，捡漏的机会也就来了……他们也会犯错，但是作为靠寻找错误而生的特种，自己犯错的可能性天生就少。最重要的是，他们就算不理性，也不会偏执；就算偏执，也不会死磕……如果地上有个漏，那不是上帝无聊扔下来的，一定是有人刚刚犯了错误。如果你比他先知道，你就赢了。"

　　"有效市场假说，在有效市场上，您若能以公允价格买到东西，得到的也只能是预期收益，不多不少。所以，我们无法战胜市场。然而现实情况是，就算牌桌完全透明有效，牌桌上出牌的人却不是

智商都能及格，或者能永远理智客观。只要是人，就会有头脑不清楚的时候，而且一发生就偏执，一偏执头脑就更不清楚。此刻正是价值偏离、错误产生的时候。"

上面两段话是《海底捞行动，一切都源于一个错误》的摘要。

"靠寻找错误为生"，非常有道理！市场的错误，正是我们获利的机会。电影《大空头》中有一句台词："我们可以从他们的愚蠢中渔利。"正是这个意思。

那么，怎样才能从市场中发现错误、捡到漏呢？一是要识势，二是要识货。要知道大势的方向在哪，要知道标的的相对价值是多少。辨识出大势，看到真正的价值，并作为参照物，然后，你才能判断出小势的错误，以及市场价格与价值之间的漏洞，这样我们才能发现错误去捡漏。债券也好，股票也好，其价值也非一成不变，在不同的行情中，有不同的价值。但我们不能因为其变化就不判断其价值，我们至少要知道在一定的区间和时间内，其相对价值是多少，这样才能找到市场的漏洞。否则，我们怎么能知道买的东西值不值，卖的东西亏不亏呢？就像一件古董，其价值也会随着时间的变化、市场关注度的变化而变化。

对于大势的判断，可以从两个方面来加以识别和相互印证：一是用分析框架体系做左侧的预测，二是用"区块翻越，趋势反转"来做右侧的印证。两者结合，就能提高对大势判断的准确性。而对于债券相对价值的判断，可以用八大信号中的套利信号来做相对的评估，债券投资的本质就是获得利差，正如"短期看逻辑，中期看资金，长期看政策，核心看利差"中所言的利差，我们可以通过横向和纵向的利差，来做一个静态的参考和评估。

用理性战胜市场

👆 用左侧的理性战胜右侧的感性

做左侧需要的是理性，而右侧需要的是感性。

左侧是抓住市场本质后的逆流而上，右侧则是洪流喧嚣中的奋起直追。

左侧需要理性和专业，右侧需要感性和勇气。

左侧逆小势，提高盈亏比，右侧顺大势，提高胜率。

一天晚上给孩子讲历史，讲到了陈胜吴广起义，突然有感而发，想到了之前看过的一篇文章。文章说，中国历史上很多朝代在变更时，一般率先揭竿而起的总会失败，反而是后面造反的更容易成功。秦末，陈胜吴广在先，项羽刘邦在后；元末，张士诚在先，朱元璋在后；明末，李自成在先，努尔哈赤在后。那么，为什么前朝已经腐朽不堪，有人被迫带头起义，但往往又会失败呢？因为旧势力毕竟经营多年，虽然反对者众多，但还是有不少追随者，有不可忽视的力量。如果有人带头第一个起义，那么，旧势力就会倾其所有予以扼杀。那为什么看到机会第二波揭竿的人更容易成功呢？因为第一波起义的已经与旧势力进行了殊死搏斗，旧势力的力量已经折损过半，甚至消耗殆尽，当第二波起义再来冲击时，就更容易扭转双方的力量而取得成功。

投资何尝不是这样，趋势很难被扭转，正所谓"牛市不言顶，熊市不言底"。往往在一波趋势改变时，总有一个横盘震荡的过程，这就是"春天"或"秋天"的过渡期，至少也要有一个二次探顶或探底的过程，很少有V字直接反转不回头的。所以，在趋势中，我们没有必要整天诚惶诚恐地去猜测什么时候市场要反转，更不要去抢顶或抄底。不要做第一，不要做先锋，不然逆大势的后果就是做别人的炮灰、垫背。要做第二，要在趋势扭转的雏形出来后再出击。当然，我们不是纯粹做一个赚小钱的墙头草，而是要做一个顺势者。要在看清大势、顺大势的前提下，逆小势出击。任何趋势的发展，都不可能是一帆顺风的，总要有阶段性的反复，这种反复，不是遇到挫折就逃离出场的时候，而是左侧逆势加仓的良机。

用左侧的理性战胜右侧的感性，不是用左侧的理性去逆大势、猜顶、抄底，而是在顺大势的前提下，用左侧的理性战胜市场反复时的摇摆。

所以，投资可以三步走：第一，先定位。判断自己所处的市场是熊市还是牛市。

第二，选策略。熊市中做空，牛市中做多。

第三，等机会。不做大势先行者，只做大势跟随者。旧势力不会轻易被打败，趋势不会轻易被扭转。耐住寂寞，手不要痒，等待趋势形成后，顺大势右侧、逆小势左侧入场操盘。

人性弱点导致市场犯错，市场犯错就是获利机会

十五年前，我刚进入股市时，就被灌输过一个理念："市场永远是对的。"但后来却发现，市场不一定永远是对的。如果是人性弱点导致的波动，那可能就是市场犯的错，而我们就可以利用这个错误来进行操作。

市场大的趋势和方向是对的，但人性的弱点会导致间歇性错

误,而这种错误就是机会。

"涨了,有恐慌""跌了,有希望",正是这两大人性弱点,会导致市场出现阶段性的错误:

(1)涨了,有恐慌。当市场趋势性上涨时,人性的这一弱点会让市场出现回调和震荡,很多人也正是被这个陷阱所迷惑,认为这是拐点出现了,于是便纷纷落袋为安。其实这正是人性弱点导致的市场错误,这时的回落,反而是以更低成本上车的机会,我们就是要利用这种市场犯错的机会,不恐慌,不臆想,抓紧上车。

(2)跌了,有希望。当市场趋势性下跌时,人性的这一弱点会让市场出现反弹式的回暖,很多人以为熊市结束或调整结束了,认为可以以更低的成本上车了,于是便纷纷抢顶上车。其实这只是人性弱点导致的市场错误,反而是以更好的价格出逃的机会,我们就是要利用这种市场犯错的机会,不幻想,不臆想,抓紧下车。

预 期 差

预期

这个世界上最大的恐惧是什么?不是有人对你开枪,而是他一直拿枪对着你,但就是不扣动扳机。

美国人搞经济最擅长的是什么?不是加息降息,而是告诉你加息,但就是不加。他们最擅长的就是玩预期调节或预期引导。

2013年5月，美联储声称可能退出QE。这导致了新兴市场国家资本大出逃，货币贬值，股价大跌。但直到2013年12月美联储才正式宣布。美联储从2014年末就开始讨论加息，可直到2015年12月才正式加息，但加完息后，债券利率并没有上行，真正的债券熊市是到2016年第四季度才开始的。为什么？这就是其高明之处：预期管理。它的目的不是加息，而是通过加息预期，形成强势美元，让资金不断地回流美国。这正是美国收割全世界、众多国家货币持续贬值的原因。1985年美国为了引爆日本的债市和股市危机，同时打压油价、输出通缩、洗劫苏联，曾经在极短时间内把美元指数急速拉升至165点，这个高度至今依旧是美元指数最高纪录。美元强势能对其他国家货币形成碾压，会吸引国际资本的大量进入，加上加息的诱惑完全可以对国际资本市场形成"虹吸"效应。

无论从个人的心理，还是从一个国家的经济管理，预期的操纵和管理都是非常重要的。对于债券市场又何尝不是这样，而且重要性越来越高。

华尔街常言"买传闻，卖新闻"，正说明了市场预期的重要性。当市场有利好传闻的时候，不管它是真是假，不用去证明它的真伪，只管顺大势，利好传闻一出，你就勇敢买入。而当新闻出来后，即可选择出场，不用管之前的那个传闻是证实了还是证伪了。

对于同一件传闻和新闻的利用，"只有再一再二，没有再三再四"。就是说，对于同一件事，效果最好的是第一次，第二次效果还算行，但第三次效果就几乎没有了，至于第四次，再强烈再轰动,市场也早已麻木了,边际效应已经递减为0,甚至为负了。除非换一个花样,让市场有新鲜感。比如,定向降准、全面降准、PSL、MLF、SLF、SLO等同样都是"放水",但换个品种、换个名字,效果就完全不一样了。

举个例子,2014年4月19日央行定向降准前后,债市收益率大幅下行,之后市场对继续降准的预期有增无减,并于6月9日再次宣布定向降准,但第二次定向降准之后收益率反而慢慢回升。

再举个例子,2015年3月第一批1万亿元地方债公布后,十年国开债收益率大幅上行60bp。6月第二批1万亿元地方债公布,收益率上行9bp(6月1日出传闻,6月10日出新闻)。8月第三批1.2万亿元地方债公布,十年国开债收益率只是在当日早盘微微上行了4bp。

2016年,预期的名义

市场的一轮又一轮涨跌,由一个又一个"预期"推动,"预期"通俗地说就是"传言"。大预期推动趋势性行情,小预期推动交易性行情。当我们预期一轮宽松货币政策到来时,债券市场就将迎来一轮大的牛市行情;而当我们预期紧缩货币政策到来时,债券市场又会经历一次熊市的洗礼。在这中间会穿插各种各样的小传言,打着各类预期的名义,推波助澜。

2016年我在一篇总结"有三成把握就去做"中提到,投资过程分为三个阶段:酝酿期(10%~20%的人看到机会和风险)、爆发期(50%以上的人看到机会和风险)、收尾期(所有人都看到了机会和风险)。机会永远掌握在少数人手里,当绝大多数人都看到机会和风险时，机会和风险已经过去。那么，怎么来判断绝大多数人是否看到了机会和风险呢？有时需要看媒体或自媒体是否对某相关新闻事件进行了大量的报道，也就是要看影响市场的新闻事件传播的广度，是否让每个人都关注到了，尤其是在自己领域里各类人士的朋友圈中是否得到广泛关注，甚至不在这个领域里的人是否都已经知道了，如果是，那就至少是阶段性的收尾期。

广度靠观察，深度靠思考。

2016年10月末至2017年3月末，债券市场大调整，先后出现了三次较大的交易性机会，或是预期的修复，或是传言的推动，其中有很多节点可以总结，尤其是对市场预期的把握。

先回顾2017年第一季度的情况。2017年春节前三个交易日及春节后第一个交易日，央行先后提高了MLF、LSF、OMO利率，这使得债券市场收益率大幅上行，而且，春节之前，市场就预期节后因2.5万亿元公开市场资金到期，资金面一定会非常紧张，所以，债券市场一定会更加惨烈。然而，正当很多人因提高利率和资金面紧张的预期惶惶不可终日时，债券市场的收益率却在2月份，靠着各种小道消息出现了一波不小的下行。所以，就有人戏称"二月债市全靠嘴"，多头利用各种或有或无的传言做多市场，其实，这就是预期的力量。

另外，在2017年3月15日美联储加息之前，很多人认为市场能像上一年12月时那样，"美联储加息＋萝卜章"给收益率来个快速的推升，出现超调，把市场情绪打到崩溃，然后在利空出尽的效应下，再出现一波交易性机会。然而，市场并没有复制这个过程。3月10日收益率上行至阶段性高点，次一交易日（3月13日）收益率突然大幅下行，之后便出现一波交易性的下行，并没有按照我们想象的那样，出现一次"黑天鹅"推高收益率，之后再下行。这是为什么呢？其实，就在美联储3月15日加息之前，3月10日前后，华尔街的加息预期概率已经达到了100%，既然利空预期已经打满，如果真加息了，那是应该，完全没有任何预期差；如果没有加息，那会形成巨大的预期差，属于大利好。所以，无论怎样，此后的债券收益率都是大概率下行的。那为何2017年3月加息时没有出现2016年12月时的"黑天鹅"呢？原因有：①第一波冲击效果最好，后面边际效应就会递减，除非有更大的"黑天鹅"出现，但这个概率也是较小的，因为"黑天鹅"本来就是人为挑选的。②所有加息的利空已在预期之中，而且时间间隔太近，市场已有准备，没有任何新鲜感和预期差。

具体来回顾一下2016～2017年债券大熊市上半程的几次市场预期差变动是如何演绎的：

（1）特朗普行情。2016年11月9日，特朗普当选美国总统。就在其当选之前，全世界都觉得他当选的概率小于希拉里，认为如果他当选，美国经济将受到负面影响，相应地，美国股市会跌，债市会涨。但是，就在特朗普当选的当天，美国国债收益率先大幅下行后大幅上行，原因是，市场开始时沿用之前的逻辑，认为特朗普当选利空基本面，所以，资金进入债券市场避险；然而，当天行情就来了一个180度大反转，逻辑是特朗普上任后，施行了大幅减税及大规模基建政策，会让美国GDP增速达到4%以上，对基本面是大利好，对债券市场是大利空。可以说当天利空就出尽了，行情反转之快，让人目不暇接。其实，市场早已有了方向。无论是希拉里当选,还是特朗普当选,方向都是一样的。市场交易的不是某一个人,而是自己的内心。

(2)美联储加息。2016年12月15日,美联储加息。就在加息之前,因为市场预期是逐渐预热起来的,所以,美国十年国债收益率从10月初就开始逐渐走高,我国十年国债收益率也从10月末开始一路上行。就在加息的当天,一切预期变成现实后,美债收益率达到最高点,次日收益率便开始下行,单边下行达一个半月之久。而我国债券收益率在加息当天也是暴涨,不过因为"萝卜章"事件的冲击,收益率上行趋势延后了2个交易日,12月20日便开始下行,跟随美债收益率的下行节奏出现了一波交易性机会,虽然持续时间不太长,但下行幅度高达40bp。

(3)提高各"粉"㊀利率。2017年1月24日,央行提高MLF利率;2017年2月3日,央行提高OMO、SLF利率(因春节因素,实际中间仅间隔2个交易日)。因春节前资金面紧张,市场预期偏空,所以,债券收益率自元旦之后,就一直整体处于上行状态。当1月24日及2月3日央行全面提高金融市场货币工具利率之时,整体市场都为之恐慌,认为国内也已进入加息周期,所以收益率大幅度上行。然而,经过两三天的充分发酵,就在全市场都认为债券市场已经完蛋的时候,收益率却在2月6日达到顶点之后,在各种预期和传言的推动下,开始逐渐下行,十年国债下行幅度达20bp。

(4)美联储再次加息。2017年3月15日,美联储再次加息。本以为这次加息会像2016年12月15日那次一样,因为加息可能

㊀ 常备借贷便利(SLF)被叫做"酸辣粉",中期借贷便利(MLF)被叫做"麻辣粉"。

会导致"萝卜章"这样的"黑天鹅"事件爆发，以促使收益率来一次大幅度上行，之后再出现类似的交易性机会。但是，历史不会简单重复，只会高度相似。在加息的预期之下，收益率也确实从2月24日开始上行了，但是，在3月10日就达到了阶段性高点，阶段性上行的深度完全无法与上次相比，高点甚至还没有春节前后提高各种"粉"时的高点高。即使是我国央行于3月16日几乎同步提高了MLF利率，但也没有掀起什么波澜。这又是为什么呢？

一是距离上次加息太近，没有新鲜感，边际效应减弱。就像2015年地方债置换时，第一批、第二批、第三批的利空效应一样。没有新鲜感，没有预期差，就没有爆发点。当同样的事情发生第二次时，人们已经知道可能要发生什么，尤其是时间间隔太近时，痛苦或疯狂的记忆还很深刻，不像在一轮大周期中，很多人已经好了伤疤忘了疼，一些新手甚至完全没有经历过，所以，在间隔时间很短（1年以内）时，人们已经早有准备，除非发生的是另一个新鲜的故事，否则边际效应一定是递减的。

二是在3月15日美联储加息之前的几天，华尔街调查的加息市场预期几乎已经达到了100%，都在预期之中，无论是监管，还是市场，都已经有了应对之策，因此，就不会有大幅度的进一步上行。所以，在3月15日之后，无论是加还是没加，都可以考虑反手做多，因为靴子已经落地，而且在落地之前，也确实已有一波收益率的上行反映了这一利空。幅度小、深度浅，那就是应该的，因为边际效应递减、预期差减小本身就意味着，同样的事情对市场的影响深度在减弱。

所以，做短期的逻辑或预期，就是按照"买传闻，卖新闻"来操作。当预期起来时，要相信它，顺势而为；当新闻发生时，要怀疑它，逆势而动。

👉 新预期，新波动

债券市场一般要从宏观面、政策面、资金面、情绪面这"四碗面"来进行分析，其实这四个方面还不会直接影响市场波动方向，决定涨跌的是它们所衍生出来的"预期差"。我们研究"四碗面"不仅是为了分析其本身的逻辑，更多是为了找到市场与现实之间的预期差，预期差产生价格落差，持续的价格落差组成长期趋势。

不要简单地套用"买传闻，卖新闻""利好出尽即利空"等谚语。在利好出尽后，短期内确实有利用市场疯狂获利了结的必要，但你更应该看市场对于未来的利多预期是否会再起。如果有新的利好预期，那未来市场的波动就会基于这个新预期而展开，而非看已经成为新闻的利好，这样趋势就会被一波一波的新预期、新浪潮推动着滚滚向前。

比如降准政策，如果是一轮经济周期的第一次降准，它对债券收益率下行的刺激效果是最好的。从两个方面讲，一个是在降息之前，市场就会根据宏观经济数据来预测：央行可能会用降准降息等货币工具来刺激经济。这种市场预期就会使得债券收益率在真正降准降息之前就开始下行。当央行真正公布降准降息之后，就会有机构获利了结。但不能说，利好出尽了债券收益率就一定要反转上行。过去都应该让它过去，要立刻转换思想去关注市场上的下一个新预期、新逻辑。这就是第二个方面，看未来买未来，在第一次降准后，市场可能会产生新的预期，认为后市央行还会继续降。这种新的市场预期才是推动债券收益率未来下行的新动力，而非之前的降准降息新闻。上一波的降准预期和降准落地，推动市场利率下行了一波，之后可能会有中场休息，出现一段时间和一定幅度的调整，但那已成为过去，我们看的是市场对于未来的预期。

第一次降准的效果是最好的，利率下行幅度大且速度快，因为第一次的预期差最大，后面降准就会出现边际效应递减。预期已经产生，预期差就会越来越小，价差也就越来越小。而且在多次降准降息之后，宏观经济会逐渐稳定，并开始出现好转的迹象，如果再降，债券收益率可能会不降反升，因为虽然降了，但新的市场预期可能会认为后市再降的空间和概率在减小，因为经济已经开始复苏，时间不再是债市的朋友。

再如资金面，会因为多种原因而紧张，如果市场预期这是央行有意所为，并且未来会更加紧张，那债券收益率就会快速上行；而如果市场预期这只是短暂的紧张，未来资金面还会重回宽松，那债券收益率更可能不升反降。同样的数据、政策或资金面，在不同的阶段对市场预期的影响不一样，导致的收益率波动方向也不一样。

👉 预期差 = 预期 − 现实

首先要知道市场预期是什么，市场在关注什么、想什么，然后再根据新的市场消息来判断预期和现实之间的"差"。有了预期差，才有价格落差和市场波动。

预期差有两类，一类是同向预期差，一类是反向预期差。同向预期差有两种，一种是市场已经有了一定的预期，但是结果要比市场预期更甚，即所谓的超预期，是灰与深灰的差别；另一种是结果弱于市场预期，即所谓的不及预期，是灰与浅灰的差别。反向预期差，是市场已经有了一定的预期，但结果却是完全反向的，是白与黑的差别。

举个例子，拿2015年地方债来看，虽然在2014年就已有地方债置换地方政府债务的消息，但2015年3月才传出一万亿元的地方债天量置换，让市场产生了巨大的预期差，收益率开始大幅上行。这就是同向预期差，先有了预期，但一万亿元的量是市场没有想到的，这就产生了预期差，对市场产生了影响，导致市场利率大幅上行。但是，在大量地方债真正开始发行之后，事情并没市场想象中的那么可怕。所以，当第二批一万亿元地方债消息出来后，市场只是略有反应，当第三批出来的时候，市场基本都没有反应了。为什么？就是因为已经有高预期了，而且现实与预期之间没有了预期差，后面的已经符合市场预期，这对市场就没有影响了。

再举个例子，2016年元旦之前降准预期非常强烈，市场认为经济仍未企稳，外汇储备下降过快，央行一定会通过降准来对冲外汇占款的下降。结果元旦前没有降，市场又开始预期春节前会降，这说明降准预期非常强烈。但是，2016年1月22日，央行座谈会表示：现阶段管理流动性要高度关注人民币汇率的稳定，降准的政策信号过于强。会议传递出的信息，让降准预期破灭了，这就产生了预期差，随后长端利率连续四天累积上行16bp。

再举个生活中的例子，当你在平坦的路上行走时，突然脚下有个高出的障碍物，而你又全然不知，就会绊你一下。而为了避免摔倒，你会先迈个大步，再小跑几步。然而，如果你已经提前看到了台阶，已经有了预期，就不会发生被绊的情况了。这个例子也跟市场波动一样，当现实与预期不一致时，就会产生预期差，市场会先来个大幅波动，再小幅波动几下定定神，逐渐填平预期与市场之间的预期差。

预期中的利空不是利空，预期中的利多不是利多。不是所有信息都对市场有影响，而是市场所关注并能形成预期差的，才能对市场的价格波动产生真正的影响。我的投资体系中有一条原则：短期看逻辑，中期看资金，长期看政策。其中的"短期看逻辑"，就是说需要挖掘市场逻辑的预期差。

"势"与"愿"违才是风险

预期中的利空不是利空，预期中的利多不是利多。同样，预期中的风险不是风险。

市场有涨有跌，不是说上涨了就没有风险，下跌了才有风险。涨有踏空的风险，跌有被套的风险。那么，在投资中，到底什么是风险？我的理解是，"势"与"愿"违才是风险，即你的预期与市场走势之差——预期差，才是你真正面临的风险。

试想，如果市场大跌，而你已经事先预期到了，并且已经做好了防御，那么，大跌对你来说就没有风险，因为你的预期与市场走势之间没有预期差。然而，如果你预期市场下跌，且做了防御准备，但市场不跌反涨，那么你的预期与市场走势就存在预期差，风险就立刻显现出来，这里就是踏空的风险。同理，如果你看涨，且做了进攻性的配置准备，假设市场涨了，那没有风险；假设市场跌了，风险就出来了，就是被套的风险。

所以，当你对后市做预判时，一定要列出来涨或跌的理由，一条条地列举，并且要有有效时间。为什么这么做？就是要在后市中检验，这个检验不是说检验涨或跌，那只是个结果，如果拿结果验证，就已经晚了，我们检验的是先前对后市做预判时列举的一条条理由——在某个时间点，某个理由是否成立。如果成立，就符合预期，没有风险；如果不成立，就不符合预期，有预期差，就有风险。一条条地监控，并对此前的投资策略做调整或维持不变。

我经常会拿火车来比喻风险，当火车迎面而来时，你要先跳下铁轨，躲开；当火车开过之后，你再回来。可是火车是能用肉眼看到的，市场风险却只能用心去体会。之前不太清楚到底什么是风险，总以为下跌就是风险，可是，当你看到下跌时，已经是结果，已经晚了。但在我们体会到"心中的预期差才是风险"之后，就应该明白，当市场变化与自己的预期不一致时，就意味着风险来临，火车正在向我们驶来，此时就必须考虑躲开它。

还是举2017年的例子。2017年4月末，我小量买入了一只十年国开债，买入的理由具体是：①过了月末，资金就会松下来；②收益率已经大幅上行，并在委外遭大量赎回的刺激下快速上行，利空风险已经释放；③委外大量赎回被曹山石澄清。于是，我就赶在4月的最后一个交易日杀了进去。然而，跨过月末之后的第一个交易日，开盘后资金面竟然还是紧张，当时就觉得不对劲，且早盘时所持170210的收益率并未上行，而且还下行了一点点。我就开始臆想，是不是市场延续了4月末的紧张，只是因为有点惯性而已，很快就会转松。所以，当时就没有真正警惕起来，更没有做相应的操作，而是继续持有。结果就是自5月2日起，债市再次杀跌，而自己却在幻想中越套越深，最后在5月8日才止损。这里值得反思的是什么？就是在自己的预测与市场出现预期差时，没有对风险抱有足够的重视，甚至都没有意识到这就是风险，更不要说去躲避风险了。

自己与市场的预期差

下面是2017年5月15日市场关注的几大利好：

（1）新华社称，资本市场不能发生处置风险的风险。一阵风、运动式监管往往难以达到预期监管效果。

（2）监管安抚市场，银监会称银行整改设置"缓冲期及新老划断"。

（3）一季度货币政策报告认为，"缩表"不一定意味着收紧流动性，且4月已经转为"扩表"。"加强金融监管协调，有机衔接监管政策出台的时机和节奏，稳定市场预期，把握好去杠杆和维护流动性基本稳定的平衡，有序化解处置突出风险点。"

（4）今天公布的工业增加值、固定资产投资等宏观数据均低于预期，只有消费品零售总额略高于预期。宏观数据的环比回落印证了部分机构所担心的，紧缩的货币政策会影响到实体经济，然后像2013年一样，最终倒逼货币政策放松。

当时，这些利好消息传遍了朋友圈和卖方研报，利好程度不亚于一次降准。但是，十年国债170010收益率仅下行1.5bp，十年国开债170210收益率仅下行3.5bp。这有点出乎我的预期。这种预期差说明什么？说明市场整体还是偏谨慎的，不然，收益率就会大幅度下行。

这不禁令我又想起了2017年的另一笔失败交易。2017年4月

28日，我短期看多并小量买入了十年国开债，一个重要原因是，过了月末，资金面会宽松，因此要赶在跨月时入场做多。但是，就在度过月末后的第一个交易日——5月2日早盘时，我发现资金面并没有在跨月之后宽松下来。这与我买入时的逻辑产生了差别，我与市场之间产生了预期差，伴随这个预期差的是一种风险的产生。当时自己只是感觉有点不对劲，并没有太在意，而且还在臆想：也许只是紧张的惯性，马上就会宽松起来的。其实，跨月后，如果真宽松，那一定是在早盘第一时间就宽松起来，这才能说明月末资金紧张只是结构性紧张，只是商业银行不想给非银机构钱而已，并不是真正的紧张。所以，一跨月就应该立刻宽松起来，因为已经不存在跨月的问题了。但是5月2日一早资金面并不宽松，这就说明资金面确实紧张，而不是我所预期的。那么，就应该在第一时间发现这个预期差，发现这个风险点，并及时做出反应。

所以，做交易不但要看市场的预期差，也要知道自己的预期差。事出反常必有妖，预期差就是一种风险，但也是一次机会。

不要积累自己的预期差，而要快速满足它

《中国基金报》曾经对投资大佬冯柳有过一次采访：做投资要面对股市的起起落落，你如何控制自己的情绪？

冯柳回答："有情绪有煎熬是好事，它会引动你的思考，不要去对抗和控制自己的人性。你已经很不舒服了，却告诉自己，不要不舒服，要坚持，这是不对的。因为市场有无数种方式去放大它，且一定会有你无法承受的时候，所以不但不要对抗和回避，还得主动放大它，履霜坚冰至，要告诉自己，我不舒服了，肯定有哪里

不对，得立刻去解决它，别等到失去理智去被动处理的时候。要利用好自己的情绪，这会让你更关注这只股票，钱在哪里，心就在哪里，所以，别人都先研究再买，我是先买再研究，就是为了让自己的心过去，把情绪带进去。觉得它好就先买，感觉不够就加，一直加到自己害怕再减，千万不要积累自己的需求，而是快速满足它，这样你才能越过自己的需求去体会，而非欲念牵引。很多人说我买卖股票很随意，我是先参与再研究，这就是我的体系。我以前说做投资要聆听三个声音，聆听企业的声音，聆听市场的声音，聆听自己内心的声音。聆听自己内心的声音其实已经无关事实了，这个企业好不好、未来会不会涨，跟你是不是要拿住它是两码事。当你不舒服又解决不了的时候，就可以放弃它，未来哪怕会涨十倍，现在也要放弃，因为它现在都已经让你不舒服了，未来一定还会有更考验的时候。当然，舒服不舒服跟你的了解很相关。一个人对你恶言以对肯定会不舒服，但是你知道他为什么这样，理解了，就没那么不舒服了。所以，我焦虑的时候就会不断审视检讨，到底是哪个地方让我焦虑了，什么东西让我不安，我能不能理解，如果我能理解且能合理解释，就加仓，不能理解，就刹掉，这跟事实无关，跟我内心感受和能力圈有关。"

　　大佬的投资感悟，深刻而有哲理。我们具体来看看自己常常犯的错误。牛市中，我们常常因为市场上各种各样的原因而被震下车，但又没有及时反手追回来，最终导致踏空，那会非常不爽，这就是个人与市场之间的预期差。这种被套或踏空后懊悔的感觉，只是最后的结果而已，更重要的是，这是市场给你的一个警告。当这种不爽的感觉出现时，就是一种警告，这需要我们重新审视自己对市场的判断，是否与自己的投资体系中的信号或原则相违背。如果相违背，那就是自己错了，不要回头看，必须立刻填满自己的预期差，而不是在懊悔和执拗中，让它继续扩散扩大；如果不违背，那就要淡定地坚持，忽略这种暂时不爽的预期差，因为你的方向与中长期主线的方向相一致。我们不能一有预期差，一有不爽，就简单地立马改变方向、改变观点，去填满它，这会完全被市场带着走，导致左右打脸。我们需要重新拿自己的投资系统扫描一下当前的市场状况，如果自己的方向与其相一致，就不用理会它，如果相违背，则需要立马填满它。

👆 要善于把预期差转化为机会

挑别人的毛病谁都会，但发现别人的潜质，就不是谁都能做得了的。我们做投资也是这样，很多人的潜意识看到更多的是风险，即使初生牛犊不怕虎，在一次次被割韭菜之后，也会变成惊弓之鸟。所以，我们不能只有风险意识，而没有机会意识。发现机会，要敢于下手，做一个行为高手，而不只是一个思想高手。

那么，如何建立发现风险和发现机会的这种意识和能力呢？首先要知道市场涨跌的根本原因是什么，其次沿着这个逻辑去看市场。当市场出现变化时，你就能够发现你的预期与市场之间的差别在哪里，也就是发现了自己与市场之间的预期差。当具备发现预期差这个能力的时候，你就具备了发现风险或机会的基本能力，但这是不够的，你必须把这种发现预期差的能力转化为对风险或机会的判断才有价值。

也就是说，当你发现负向预期差的时候，要在第一时间意识到这是风险的到来，然后就要下意识地做出躲避风险的动作；当你发现正向预期差时，要在第一时间意识到这是机会的到来，然后就是下意识地做出抓机会的动作。

这其实是做短线逻辑的思维。市场本来就是由一个个逻辑和谎言组成的，我们不用去管它的真实性，不用试图去证实或证伪它，我们要做的是找到证实或证伪后的预期差。为了发现预期差，在日常盯盘工作中，可以有这样的小技巧：开盘前，根据已知的市场信息，做一个对当天市场的大概判断。这种对全天行情的预判只是基于已经发现的事实来做的判断，并没有包括未来发生的事情，所以，我们在早盘做的判断并不是客观的，与未来发生的事情一定存在着预期差。做出的预判对判断市场走势并没有真正的指导意义，而是具有标杆价值，真正具有指导意义的是，影响市场波动的事件与事先做出的判断之间的差别。所以，我们要先设立一个标杆或者参照物，也就是事先做的判断，否则你连预期差都找不见，这个判断并不是简单判断上涨还是下跌，而要把影响市场波动的事件因素列出来，再综合判断是涨是跌。然后，就是最关键的工作，那就是根据市场中真实发现的情况来判断事实与预期是否一致，如果一致，那就没有预期差，如果不一致，那就有预期差。同时要判断是正预期差，还是负预期差，如果是正预期差，那就要把这个预期差转化为投资机会，如果是负预期差，就要把这个预期差转化为风险，并最终做出买或卖的投资决策。当然你也要判断预期差本身是短暂性的，还是长期性的，如果做长期投资，就可以忽略一些短期性的预期差，如果做短线交易，那就有必要对一些较细微的、短期性的预期差予以重视。

有异常，勿愚钝

✋ 事出反常必有妖

"开盘前，因为昨夜美股大跌，且国内A股正处于恐慌之中，股债跷跷板效应又非常明显，所以，本来预测今天市场是股市涨、债市跌，但是国内股市并未出现自己预期中的大跌，反而低开高走，而国债期货是高开低走。这是一个与自己预期不一样的预期差。10点整，国家统计局公布了三季度宏观经济数据，三季度GDP低于市场预期，但是国债期货在仅几秒钟的小幅拉升后，就小幅下跌并开始横盘。这个结果表现出了'该涨不涨'的异常，让自己感觉不对。其实，这种不对劲和异常或是某种风险的先兆，果然，后面收益率都是上行的。"

上面是2018年10月一个交易日的盯盘笔记，记录了一天内的日间波动情况，描述了某个利好消息出来后，市场"该涨不涨"，可能就预示了后面会有风险。这正是人们常说的"事出反常必有妖"，这就是预期差。

再回顾一下2017年第四季度债市最后的杀跌。2017年9月27日李总理提到降准，9月30日央行真的宣布了降准。这个情景简直就是2014年定向降准的复制，按照2014年的债市行情，大牛市即将再度开启。然而，国庆节过后第一天，收益率不下反上，而且持续上行，这就太异常了，说明市场主动屏蔽了这一重大利好消息，还是明显的熊市氛围。这里面有两个征兆提示不正常：

（1）2017年9月27日，总理说要采取定向降准的方式支持中小企业。但是9月28日，市场收益率并没有大幅下行，我在当天的笔记中这样写道："受此影响，长债收益率明显下行，但市场依然谨慎，下得不坚决。"

（2）2017年9月30日，央行真的宣布降准了，但是在宣布降准后的第一个交易日，即国庆节后的10月9日，债市收益率不下反上。这也太反常了，又不是大幅下行后获利了结盘的正常回吐或修复（如2018年4月17日降准后4月18日的反应，且这次是在宣布降准前就已经下行了几十bp，次日也大幅下行了，只是后面有获利了结盘的抛压，才导致了大幅下行后的反弹），根本就是没有被利好消息刺激而大幅下行，所以，直接上行太不正常了，是一种"该下不下"的异常。

所以，当自己与市场有预期差时，第一反应就应该是意识到风险或机会，而不是先给自己找理由开脱。看看是自己错了，还是市场错了。如果市场波动的方向与大势一致，那么大概率就是自己错了；如果市场波动的方向与大势相反，那么可能就是市场错了。比如在上述实例中，2017年国庆节后债券收益率的上行，是突破了6～9月横盘后的延续熊市的趋势，这是市场顺大势的运行轨迹，自然自己的感觉就出错了。当然，这只是一种最快捷直接的观察，还需要我们用分析体系中的各种信号客观地加以分析佐证。

市场并非永远正确，所以，异常不一定就是风险，也可能是机会，而检验的标准就是是否顺大势。

"异常"让我们定神，"预期差"让我们行动

有"异常"说明现在有潜在风险，这个时候需要我们定神，提高警惕，而不能仅拿"异常"作为多空下单的依据。"预期差"才

是做多做空的依据，没有预期差就没有落差和波动。

所以，"异常"让我们定神，"预期差"让我们行动。

异常只是一种感觉，在有感觉之后，就要找预期差。我的投资体系中有一条原则：短期看逻辑，中期看资金，长期看政策。所以，越是政策意图或方向上的预期差，给市场带来的波动就越大，而不是自己的感觉。政策意图上的边际变化，才是债市波动的根本推动力。

当我们感悟到异常，发现预期差时，阻碍我们去行动的最大障碍就是"希望交易"，尤其是当市场已经开始出现相应的波动后，"回头看"会让我们后悔没有在最佳的位置买入或卖出，于是就希望市场回到之前的位置再执行。正是"回头看""希望交易"让我们犹豫、纠结。在交易中，最让我们后悔的不是错失机会，而是看到机会没有抓住，看到风险没有规避。

2019年3月末，市场降准预期强烈，甚至连《证券日报》都称：降准仍是货币政策工具首选，最快下月成行。并且市场传言：央行决定自2019年4月1日起，下调金融机构存款准备金率0.5个百分点。然而，央行官方微博"央行微播"3月29日深夜11点20分发文辟谣称此为不实消息，并在4月初报警。这本身就是一种政策态度上的异常，明显是央行试图扭转市场预期的行为。我也意识到了这种异常和预期差，并在当时的交易计划中写道：如果开盘市场选择上行，那就是市场选择了放大异常和利空，说明形势不好，应该离场。我本应在意识到风险的第一时间卖出做空，但因为收益率上行太快，开始犯"回头看"的毛病，做起了希望交易，期待着收益率能回到上行之前的水平，然后再卖出。然而市场没有再给我一次这样的机会，在随后三周里，十年国债收益率累积上行达 40bp。虽然从中长期来看，收益率最终还是下行了，但我却没能在意识到异常和风险时，躲避那次大调整。

那么，如何避免对风险反应迟钝、做希望交易这样的错误呢？可以有这样一个从思考到制定策略，再到执行的流程：

第一步，寻找异常。先知道正常的、标准的情况是什么，设立一个参照物，然后再发现异常，寻找预期差，用多空消息检测最小阻力方向。

第二步，制订计划。根据异常情况及预期差，辨别风险或机会，制订相应的交易计划，并在后面予以执行。

第三步，执行计划。"不回头""不做希望交易"，克服自己的心理障碍和人性弱点，填满预期差。

既然是找异常，那我们首先要清楚正常情况是什么样子的，然后，才能通过异常发现预期差，进而发现机会或风险。

当有利空时，收益率上行，甚至加速上行，这就是熊市应有的状态，这是正常情况，说明熊市会继续。

当有利多时，收益率下行，甚至加速下行，这就是牛市应有的状态，这是正常情况，说明牛市会继续。

但是，如果利空对市场的负面影响明显减弱，甚至没有影响，那就是有异常了。反之，如果利多对市场的正面影响明显减弱，甚至没有影响，同样是有异常。当然，不能仅凭一两个利空或利多消息的市场反应就去判断市场有变化，而是需要一系列的信号加以相互印证才能予以确认，但如果有这种异常情况出现，就需要加以警惕。但是，这种警惕不是让你立刻下单行动。

👆 异常，未必是风险，或许是在蓄势

有一段时间，我认为"异常必有风险""该涨不涨，必有后患"。但经过实践后发现，事实并非如此，因为市场并非永远正确。当市场出现该涨不涨或该跌不跌的情况时，未必就有风险，这种异常的背后或许蕴藏着机会。异常出现，只是提醒我们要提高警惕，之后就需要我们对系统信号加强监控，而不能简单地将异常作为买卖操作的依据。

异常不一定是风险，该涨不涨也不一定是风险，主要还是看趋势。在下跌的熊市中，该跌不跌的异常，或许只是市场情绪需要在新的高度上适应一下，蓄势待发，并不代表抄底机会的到来；在上涨的牛市中，该涨不涨的异常，或许也是市场情绪需要在新的高度上适应一下，蓄势待发，并不代表风险的到来。

"异常必有风险""该涨不涨，必有后患"虽然有一定短线操作上的道理，却很容易让自己迷失在太多的细节中，反而忘记了整体的策略和大势。该涨不涨，不一定有后患，或许是在蓄势，关键要看趋势在哪里，不是仅凭一条"异常必有风险"就能改变趋势。能改变趋势的只有央行，只要央行的政策方向不变，趋势的方向就不变。我们要看大的季节趋势，而不能仅靠一时的小异常，就判断趋势要改变了、策略要改变了，这是不对的。我们可以"用多空消息检验最小阻力线方向"，但也不能因为一个、几个或者是几天的多空消息，就去判断整体大势的方向。市场不可能持续处于亢奋状态，牛市天天放大利多，也需要休息和适应新的市场高度，或许市场只是对原来做多的逻辑审美疲劳了，休整一下，等待下一个逻辑

或故事。

但对于债券市场来说，主线逻辑就一条，就是资金面，只要资金面是持续宽松的，只要央行的态度没有改变，休整后就会继续沿趋势出发。这就像夏天的气温，不会直线或者匀速地从10℃涨到40℃，中间总是有恶劣天气的干扰、温度的波动。如果遇到风雨天，我们只需要加件衬衫，而不会直接穿上羽绒服。投资也是一样，在趋势性的牛市中，如果市场回撤，你不能因为一时回撤，就立刻采取熊市的防守策略，把所有仓位砍掉（就像夏天一降温，不能立刻穿羽绒服），最多只需要拿出一小部分来做空，甚至可以扛一扛，什么都不做，反正夏天还在，即使是真的变冷了，也不会直接跨到冬天，还有秋天给你时间过渡。所以，夏天最好的策略就是买入并持有，甚至只买不卖，卖出是因为你担心冬天（熊市）到来。因为央行需要充足的时间观察经济的变化，所以漫长的秋天还在后面，有的是你卖出调仓的机会。况且在秋天依然需要持有一定仓位的中长久期债券，只不过目的不是赚久期的钱，而是赚票息的钱。

当然，对于刚入行的投资者，还应该提高自己对市场消息的分析判断能力，形成条件反射，什么消息是空，什么消息是多，一看便知，而且能结合市场情况判断出影响程度的大小，并及时做多空的基本判断。只有知道了多空的标准，知道正常情况是怎么样的，才能发现市场的异常。如果连正常的情况都不知道，何谈发现异常情况。

总之，我们还是要看大势，市场并非永远正确，但市场趋势永远正确，我们要在波动中嗅到异常，在异常中发现风险（或机会）。

| 第 6 章 |

用多空消息检测最小阻力线方向

市场就像一条河流,投资就是顺流而下。

是趋势在选择市场消息和市场逻辑,而非市场消息和市场逻辑推动市场前进。

因为调整需要,所以利空频现;而非因为利空频现,所以才现调整。

多空消息不是用来预测方向的,而是用来测试方向的。

最小阻力线方向

像看河流一样看趋势

我们可以把市场的走势想象成一条河流,下单就是跳入了河里,我们的目的是顺流而下。如果河水流动的方向是我们想去的方向,那就直接跳进去,如果不是,就出来。顺流而下是最省时省力的。或许我们步行了很远才发现了这条河，而河流的方向正好与我们要去的方向一致。我们可能会后悔：为什么自己没有早点发现这条河？如果早点发现并顺流而下，就能更省时省力。可是，我们再后悔，也不能沿着河流逆流而上，再顺流而下吧！我们最好的选择就是，不要回头看，不要后悔，现在就跳入水中，顺流而下（不回头，正确的路上永远都不晚）。

水沿着最小阻力线流动。想象一下，当河流遇到阻挡时，就会聚集成小湖，看似平静的水面，实则在聚集能量，重新选择方向，而突破口一定是最小阻力线方向（这就是市场横盘时的状态，在上涨或下跌的过程中，遇到阻力后，开始横盘震荡，聚集能量，突破哪个阻力位——前期的高点或低点、均线、整数位都可能是阻力位，市场未来的方向就在哪里，直到遇到下一个阻力位）。冲破这个阻挡，说明还是沿着原有方向继续向前进，而且速度会更快些（横盘时等待，突破后操作）。而当河流遇到的阻碍太大，比如遇到一座大山，完全无法逾越和突破时，河流就会向着最小阻力线方向流动，方向就会改变，这时你就需要离开这条河，否则你将南辕北辙，到达不了你预期的目的地。(市场的臆想、传闻，其实就是河流的方向，而新闻则是个瀑布。）

让市场走势告诉你未来的方向

《股票作手回忆录》第 10 章的题目就是"最小阻力线是关键"。核心的观点就是"耐心地等待这条线（最小阻力线）的出现"并"按照最小阻力线的方向操作"。那么，什么是最小阻力线？其实就是趋势。

书中讲道:"在实践中你会发现,如果你按照我所说的那样做交易,从这个市场收盘到那个市场开盘,在此期间所发生的重要消息一般都与最小阻力线的方向一致。在消息公布前,趋势已经确立了。在牛市中表现为忽视利空而放大利多,反过来也一样。"

这段话说明一个道理,判断市场处于什么趋势之中才是最重要的,市场中的各种消息都是被趋势所利用的,最简单的策略就是牛市中做多、熊市中做空。道理很简单,但做起来难,难点有两个:①定位。即我们自己所处的市场是什么市场,牛市、熊市,还是震荡市?只有做好对市场的定位,才能知道做多还是做空。就像手拿一张地图要去一个地方,如果你只知道目的地是哪儿,而不知道自己在哪儿,那你就不知道要往哪个方向走。所以,只有先定位好自己在哪儿,才能做出方向性的选择。②等待。做投资时,我们可以通过货币政策、资金松紧、市场情绪,甚至是均线,来判断自己所处的市场,所以,定位或者说寻找"最小阻力线"并不是很难,最难的反而是最简单的,那就是等待。当我们定位好自己所处的位置,即市场的涨跌趋势后,我们就能够去进行相应的操作。如果是牛市,就买入做多;如果是熊市,就卖出做空;如果是震荡市,就空仓观望或短线交易。看起来很简单,但做起来很难,因为绝大多数人都觉得自己可以战胜市场,都觉得自己可以预测未来,所以,总会有人在趋势形成之前抢跑,而不会安静地等待趋势的形成。"等待"确实无法让我们买在最低点、卖在最高点,因为最低点和最高点本来就不是用来操作的,而是用来参考和确立趋势的。没有最低点,你怎么知道未来会上涨?没有最高点,你又怎么知道未来会下跌?

《股票作手回忆录》中讲道:"可以得出这样一条规律:在较窄的市场中,如果市场方向不明确,仅仅在很窄的区间震荡,这时想预测接下来大行情的走向,也就是涨跌的情况,纯粹是做无用功。你要做的就是对市场观察,对报价带研读,确定无方向震荡的区间大小,而且还要拿好主意,除非价格向上或向下将这一区间突破,不然的话就静静等待。"

这告诉我们,在横盘震荡的市场中,该如何应对。在熊市或牛市进行的过程中,往往会有中场休息的时候,这时没有方向性的横盘震荡在所难免,而很多人在这个时候就会耐不住寂寞,以为熊市或牛市结束了,觉得自己比别人聪明,进而提前入场操作。与其挖空心思地预测市场何时反转,不如等待趋势确定启动,之后再进入,虽然此时入场会错失多空反转后的一波运动,但也避免了预测错误而可能造成的损失。右侧,成功率更高,获利更为客观;同样地,与其主观预测行情结束,不如等行情盘整并开始反转后离场,虽然这样会错过一部分利润,但相比起错失之后可能的行情延续,这些代价是值得的。

如何寻找最小阻力线方向

最小阻力线方向就是市场趋势的方向,可以通过以下定性方法来做辅助性的认定。

1. 通过事件来找最小阻力线

2017年10月9日,国庆一开市,收益率就莫名地中幅上行(价格下跌),此后继续震荡向上,5个交易日累计上行6bp。10月16日,突然有新闻说,下半年中国GDP增速有望实现7%。这下债市炸锅了，空头利用这个消息大肆做空。但是 10 月 19 日，国家统计局公布第三季度 GDP 同比增长 6.8%，这在某种程度上证伪了 7%。站在公布数据那个时点，是否可以这样分析：7% 的预测已经被证伪，如果收益率掉头下行，那说明之前的上行只是昙花一现，因利空因素被证伪而应该至少下行到起步时的点位；而如果收益率在已经被证伪的情况下，依然继续上行，或者只是小幅向下，并没有回到利空因素发酵前的点位，那就说明 7% 被市场利用了，找个借口罢了，本来市场就是要上行的。实际的行情走势是，即使 7% 的预测被证伪，上去的收益率也没有再下来，而是一骑红尘持续上行，十年国开债收益率在随后的 3 个月里，累积上行近 100bp。

这就是用一个完整的事件来找市场最小阻力线的方法。

因为调整所需，所以利空频现；而非因为利空频现，所以才现调整。

多空消息不是用来预测方向的，而是用来测试方向的。

2. 平静中上涨，这就是最小阻力线方向

2018 年 2 月，债市收益率有多次莫名的大幅下行，如果是货币政策上的大利好也就罢了，关键是没有什么明显的利好消息，只有事后大家硬生生找出的利好——一些遥远的、你完全想不到有什么关联的东西，如美股下跌、中东某小国政局不稳等，让长债收益率莫名其妙地大幅下行。其实，这种没有明显原因的阴下，正预示了最小阻力线的方向。但在那时，很多人都没有看到，牛市已经悄然来临。所以，不要等很多事情或者原因都想清楚了，才恍然大悟，收益率连续、莫名地大幅下行，就已经告诉我们未来可能的方向。

牛市中，我们往往不解，为什么市场没有任何消息，可一到下午就开始拉涨呢？拉得那么犀利而又自然。很多人会到处问："发生了什么？"其实什么都没有发生，牛市中的上涨不需要理由，就像水往低处流那么理所当然。牛市中，有利多消息刺激，大涨；消息平静，小涨；有利空消息，象征性回调，再涨。牛市中，没有消息就是好消息。价格上涨是有惯性的，在没有消息的情况下，自然就会涨。这就是最小阻力线方向。熊市中同理，没有消息就是坏消息。

不是消息推动了市场，而是市场选择了消息

是市场选择了消息，而非消息推动了市场

我们常常会发现，同一类消息，上次影响很大，这次影响很小，或者上次微不足道，而这次却被市场大讲特讲。你会很纳闷和苦恼，为什么自己总是后知后觉。其实，我们不是对信息不敏感，而是对趋势不敏感。是趋势在选择市场消息和市场逻辑，而非市场消息和市场逻辑推动市场前进。

多年前，与一位股票基金经理吃饭，席间他聊到对投资的感悟：每天市场中的信息那么多，哪能都关注到啊！受此启发，感觉自己之前投资分析的思路也有问题，总想从纷繁复杂的现象中，提取出影响市场转弯的一些因素或事件，这样就能够在下一次牛熊或熊牛转换时，通过相同或类似的情景来预判出市场的拐点。但却发

现一个问题，同样的信息，在不同的时间出现，会有不同的结果。同样是"定向降准"，2014年4月就开启了大牛市，而2017年9月却让债市加速下跌。再比如，2015年12月美国加息，对我国没有影响，我国债牛依旧，而2016年12月美国加息，却让我国债市由牛转熊。虽然不存在完全的因果关系，但同样的信息，在不同的时间出现，却不是同样的结果。

每天市场中的信息太多，利空和利多几乎同时存在。所以，我们不能通过事件来推导结果，简单地认为哪个事件出现就会导致哪个结果，这是有问题的。

2017年第四季度，我开始建仓长期利率债，但后面被套，虽然2018年初开启的大牛市证明大的判断是对的，但其实可以在更好的位置介入，这需要反思。2017年7月就开始转成多头，但一直不敢真正做多，处于看多而不做多的状态。那么为什么9月末时就那么坚决地闭着眼睛去买呢？原因就在于"定向降准"，2017年9月27日李克强总理讲话提到"定向降准"，随后9月30日央行便降了。这个过程与2014年4月的"定向降准"过程如出一辙。正是这两次事件的高度相似性，让我认为债券市场将完全复制2014年的熊转牛行情，2017年第四季度将是债市的春天，但结果却是那波熊市最后的黑暗。因为太相信这次将复制2014年了，以至于被套后依然给自己找各种不止损的理由和借口。回头看，很后悔没有及时止损，如果再来一次，可能还会犯一样的错误。为什么？到底错在了哪儿？

原因就是，太想通过现象看本质了，其实这是错的，每一轮的牛熊市都有不一样的故事，2007年、2011年是因为通胀，2013年是因为美联储退出 QE。虽然看起来根本原因是钱紧,但其实 2017 年下半年的资金面并没有像之前熊市那么紧,但为什么还是很熊呢？因为这次熊市遇到了强监管。总之,无论怎么样,每次都有新鲜的故事让你防不胜防,让你琢磨不透。同样的故事,结果可能是不一样的。所以,想通过总结各类影响因素或事件来预测未来是行不通的。

从本质来倒推现象,其实债市涨跌本身也是本质表现出的一种现象。我们透过现象来看市场和人性的本质：

（1）人性弱点：错了,亏了,有希望了；对了,赚了,有恐慌了。

（2）熊市中,放大利空,屏蔽利多；牛市中,放大利多,屏蔽利空。

先看（2）,如果市场对利多消息视而不见,而对利空消息,甚至对不太起眼的利空都无限放大,那就说明市场正处于熊市之中。既然已经定位自己所处的市场,那么,就要采用最佳的投资策略：熊市中做空。反之类似。所以,我们平时就不要花太多的精力去分析各种信息,更不要靠消息做决策,要感悟市场的多空力量和趋势,看市场在放大哪个、屏蔽哪个,就能够找到最小阻力线方向,进而采取相应策略来操作。当然,基本逻辑分析还是很有用的,因为我们必须也要知道,什么消息对市场来说是利空,什么又是利多,然后,我们才能去判断市场在放大谁,又在屏蔽谁。

既然人性弱点是,看错了,亏钱了,反而有希望了,各种找理由、找借口支撑自己的"希望",那么,我们就应该逆人性,在看错和亏钱的时候，坚决止损，而不是给自己找不止损、不认错的理由，让亏损不断扩大。相反，看对了，赚钱了，又每天担心自己的利润被吃掉，于是一有小震荡就被震下车，提前截断盈利。我们要顺势而为，如果确定牛市已转熊市，就要不顾一切地抛掉；如果确定牛市没有走坏，就要坚持握住，但也要设置好止损位，因为很多时候你可能无法判断熊转牛，只是事后了才能看出来。所以，一颗红心，两手准备，入场时，是冲着赚钱去，但同时也要先设置好止损位，一旦被证明错误，达到了止损位，就先跑为敬，市场重回涨势时再杀回来。

其实，消息是被市场利用的，它本身不能作为推导市场牛熊的原因，是市场选择了消息，而非消息推动了市场。真正的牛熊轮回，市场情绪是表象，货币政策是推力，经济周期是根源。所以，我们不能让自己每天埋没在对各种信息的收集和分析中，这些信息太碎片化，太纷繁杂乱，太浪费时间，我们要跳出这个怪圈，建立自己的投资体系，让体系来扫描市场，练就一双火眼金睛，练就一颗无情的心，跳出市场看市场。

不关注多空消息本身的逻辑，要关注市场如何选择多空消息

做投资需要买方思维，我们每天都会面对铺天盖地的数据、新闻和噪声，在充分降维后，市场会筛选出主线，形成确信度最强的方向和逻辑，然后，我们再顺势而为。这就是买方思维。不要先入为主地做预测，而要等待市场选择方向后，顺势而为。如果在做决策时，还像处理日常事务时那样，列举出正、反两面的证据，在所谓的分析框架下，得到了一个提前预设的结论，这就

叫卖方思维。

每天市场的信息太多了，利多、利空同时存在，有时你认为是利多的，但市场解读却是利空的；而有时你认为是利空的，但市场解读却是利多的。所以，我们总是与对手、与市场有很多的预期差，每天耗费很多精力在处理各种信息上。我们不能被这些信息左右，拿这些信息来推断市场未来的方向，而是要有投资的主线，从市场的角度去看这些信息，有时需要阴涨或阴跌聚集人气，有时需要加速明涨或明跌阶段性收割，有时需要震荡休息，但主线的方向是不变的。我们也不知道市场会事先选择利多信息还是利空信息，但我们可以从市场选择后的结果倒推出市场的方向并顺势而为。

总之，不要把关注点放在多空消息本身的逻辑上，而是要将关注点放在市场如何选择多空消息上。

央行降准了、"放水"了，别管官方或分析师怎么解读，我们要从其结果上看，是否宽松了，只看结果就行了。正常情况下，降准后债券牛市就要来了，但也有降准后市场不选择上涨而下跌的。2017年9月末央行定向降准，很多人在分析了这个信息后，都认为"放水"了，债市牛市来了。然而，结果并不是这样，反而是以此为起点，开启了新一轮的杀跌。同样降准，解读却是不一样的。所以，要遵从市场的选择，因为这是市场多空博弈后的最终结果，从结果上，我们才能看出哪方力量最大。虽然在博弈结果出来之前押宝的话，会获得更大的收益，但是，也有同样的概率会失去更多。只有在结果出来、趋势形成后，顺势操作，才能获得更大的胜率。而且一旦确认结果和大方向，就要赶紧出手，不要在纠结、犹豫中耗费机会；不要想着"再增加点安全边际"，因为一些蝇头小利而失去大的机会；不要回头看，在后悔中下不去手，错失更大的机会。

👆"不知道"才是最专业的回答

2021年1月美国股市的散户抱团干翻了做空"游戏驿站"的机构，而中国债市的机构却被一个"SLF利率上调"的传言给干翻了，债市因此出现大跌。而国内一众机构交易员群情激奋地要报警，以证明"SLF利率上调"这个传言是假的，并期待传言证伪后，市场能再涨回来。

其实想想，这些交易员也太不成熟了，要靠报警挽回损失。诚然，造谣者该罚，但作为专业的投资者，被一则消息轻松收割，显得太不专业。当时QQ群里一位匿名者称"债农本质和炒股散户没区别"，道出了债市很多散户型机构的真身。作为一个专业型机构投资者，不能靠消息来操作，而要靠投资体系操盘。当天债市就出了个段子："央行报警了，收益率回来了，可是我的钱没了。"你的钱为什么没了？因为你在那一刻已经被消息牵动，心态崩了，你靠消息追涨杀跌，偶尔靠运气赚钱，平时却靠实力亏钱。

无论是债市还是股市，大家问得最多的一个问题就是："你对市场怎么看？"最专业的回答是："不知道。"但这会被99%的人嘲笑。因为怕人嘲笑，所以哪怕只知道一点皮毛和概念，就要夸夸其谈、指点江山。而敢说"不知道"的人，要么很诚实，要么很自信。这说明他没有预测市场，而是在尊重市场、顺应市场。预测市场是卖方分析师做的事，而买方投资者更需要关注的是如何应对市场。你预测得越多、分析得越翔实，一旦"势"与愿违，被市场打脸，就越有可能因为面子、怕人嘲笑，而不愿认错，不愿及时止损。

还有很多人会嘲笑，做投资的不就是靠天吃饭嘛！其实，真正的高手，正是像农民一样靠天吃饭。高手，就是农民，而不是被农民播种收割的韭菜。农民懂得春耕秋收，懂得四季变化，懂得顺天致性；真正的高手同样懂得夏耘冬藏，懂得周期轮回，懂得顺势而为。他不会因为夏天的一次降温，就收割未成熟的庄稼；也不会因为冬天的一次升温，就种下不会发芽的种子。因为他知道，大类资产轮动的风口尚未到来或已过去，顺木之天，以致其性，耐心等待，方成正果。懂，自然懂；不懂，自然不懂。

周期的力量，谁也改变不了，唯有顺势，才能立于不败之地。我们都是学过经济学的机构投资者，政策根据经济周期收缩放松，以此轮回，循环往复，本来就是经济发展的基本规律。亏钱了，不是"央妈"⊖不懂我们，而是我们不懂周期。

华尔街有句名言：买传闻，卖新闻。传闻本来就是市场信息的重要组成部分，市场中不可能只有官方公布的新闻，而没有传闻。

负面消息是行情发展阶段的试金石。信心高涨的时候，"雷"大的利空淡然一笑；信心不稳的时候，雪花也能引发雪崩。

古斯塔夫·勒庞在《乌合之众》中写道："人一到群体中，智商就严重降低，为了获得认同，个体愿意抛弃是非，用智商去换取那份让人备感安全的归属感。"

⊖ 指中国人民银行。

时点检验法

👆 时点检验法：如何观察央行政策态度

央行的心思你别猜，你猜来猜去也猜不明白。这是市场公认的一个难题，但其实，我们可以通过关键时点，"管中窥豹"地来倒推些许的政策意图，即通过资金面结果来检验货币政策的方向。

一般情况下，春节前，因为社会对现金需求量大增，会有大量资金流出银行间市场，所以，资金面一般较为紧张。然而，2018年春节前，央行为了平缓资金面的波动，通过创新工具临时准备金动用安排（CRA）累计释放临时流动性近2万亿元，节前资金面没有太紧张，平稳度过。第二次检验央行货币政策已经转向的是2018年3月的跨季，正常情况下，跨季度时，资金应该是要收紧的，但当时的结果却是再次边际宽松（比相邻的上一次跨季度时要边际宽松）。第三次检验是2018年4月的跨缴税，正常情况下也会让资金面收紧，但当时央行直接就降准了。在此之后，投资者确认货币政策进入了宽松阶段，债券市场迎来了两年半的大牛市。

检验央行的货币政策，就是通过跨月、跨季（3月、6月、9月、12月）、跨节（春节、国庆）、跨缴税（4月、7月、10月、1月）等关键时点来进行的。在这些关键时点，资金面本应该是边际收紧的，这是正常情况，也是一个标准参照。如果在这些关键时点，资金面并没有很紧张，而是边际宽松的，甚至完全没有跨月、跨季、跨节、跨缴税的感觉，那就说明央行的政策取向是宽松的。相反，如果央行的意图是收紧，那么，我们就可以通过这些关键时点窥视到央行货币政策的意图,在跨月、跨季、跨节、跨缴税等关键时点,央行可能会通过袖手旁观、缩量对冲等方式,使得资金面收紧。别管央行通过什么方式来操作,关键看结果。或许央行也"放水"了,但放的钱完全无法对冲收的钱,我们只看结果。只要结果是收紧的,尤其是持续好几天的收紧,那就不是偶然的,而是央行有意而为之。如果我们一次不敢确定,那么,一个季度内,至少有"跨月+跨季""跨季+跨缴税"或者"跨节+跨月"两次可以检验货币政策的意图。

(1) 跨季+跨缴税。2016年9月中下旬跨季时,资金面持续紧张,10月中下旬跨缴税时,资金面还是持续紧张,11月中下旬这个非跨季、非跨缴税的月份竟然还是紧张,这绝对不是偶然的,一定是央行货币政策已经由宽松转向收紧了。

(2) 跨缴税+跨月+跨季:2018年,在1月缴税时点,资金边际宽松(只是收敛、稍紧张,或者只是很紧一两天);在2月跨春节时点,资金依旧边际宽松;在3月跨季时点,本来应该是很紧的,但只是在跨季的最后几天小幅紧张,还是该紧不紧。这些关键时点的异常,都检验出货币政策已经由紧转松了。

(3) 跨月+跨季。2019年2月,资金面紧张,跨月跨出了跨季的感觉,这是2018年5月以后没有的紧张感;2019年3月跨季,依然紧张。"跨月+跨季"的两次观察窗口,都是边际收紧的,相互印证了货币政策已经进入了观察期。

另外,还有一个参考点,就是跨月、跨季、跨节、跨缴税时隔夜或7天利率的最高点,较上个月或上个季度是更高了,还是更低了。如果觉得短期资金利率的随机性太大,还有一个可以参考的点：在每个季度的跨季月份（3月、6月、9月、12月），看3个月同业存单利率的最高点是更高了，还是更低了。如果更高了，说明货币政策边际收紧；如果更低了，说明货币政策边际放松。这虽然有一定的偶然性，但也可能是"仙人指路"。

除了上面相对静态的、时间跨度较长的时点检验，还有一种相对动态的、短期的观察视角，即看央行面对资金面收紧时的行动态度：

（1）积极呵护型。除了央行降息、降准这类明显的信号，在日常操作中还有：只要一有一点紧张，就立马"放水"救市，紧张的时候也常会先紧后松，而不会持续紧张一整天，甚至还没开始紧，就提前"放水"。比如，2016年6月20日，有一笔1000亿元的MLF到期，结果央行在6月7日就操作了2080亿元，不但提前对冲1000亿元的到期量，而且还多释放1000多亿元。

（2）主动收紧型。除了央行加息、提准这些明显的信号，在日常的操作中还有：即使资金面已经开始紧张了，或者说已经开始间歇性地紧张了，央行也似乎无动于衷，好像还要再观察一下，或者只是象征性地放一点杯水车薪的资金。资金面的紧张会贯穿全天，之后央行还是不会大量"放水"相救，资金面会持续紧张好几天，甚至能持续紧张数周，到了连大银行都满市场借钱的程度，例如2013年下半年的钱荒。

央行货币政策转向时，一般是这样的过程：①媒体关注、吹风；②权威人士（官方、著名经济学家）讲话；③货币政策转向；④权威人士（官方、著名经济学家）说反话安抚，以稳定预期。

官方的一些政策吹风，往往是承上启下的，所以，在观察时，更多是要看其边际上的变化，而不是抓住那些老生常谈的信息不放。此外，我们也不能听风就是雨，看一位权威人士发言有不一样的地方，就立马操作，还是要做到：听其言，观其行。听其言，就是听官方讲话的边际变化；观其行，就是要看资金面上的边际变化。"言""行"相符，就能证明政策大概率已经变化了。2018年初，监管依然在强调去杠杆，但资金面已经宽松了，而且在关键时点也没那么紧张了，那就能倒推出来政策其实已经转向了。同样的情况也发生在2014年初，当时监管口径很强硬，但是资金面却已经逐步宽松了下来，由此可以倒推出货币政策已经转向，而且2014年4月开始了定向降准，政策的转向一定是趋势性的，绝不会是临时性的或交易性的，所以，那个时点，债市也趋势性转牛了。

资金面与资金面预期

基本面是根基，货币政策是主导，资金面是表象，债券波动是结果。也就是说对于债券市场的波动，基本面为基础，货币政策为主导，资金面是主线，三者共同作用出一个债券波动的结果。基本面数据一般是滞后于市场波动的，而且即使基本面走弱，政策也不一定立马发生转变，因为货币政策还要受制于汇率等其他因素的制约，它是有一定容忍度的，我们也无法准确判断基本面发展到了什么程度，政策就无法容忍开始转向了。所以，研究债券市场，最主要的就是研究货币政策，因为货币政策决定了资金面，而资金面又决定了债券收益率的涨跌。

资金代表债券的需求，钱多自然需求大，钱少自然需求少。但它也有静态和动态之分，静态的资金面就是当时的资金松紧程度，而动态的资金面就是资金面的松紧预期了。很多时候，静态资金面是宽松的，但受通货膨胀、IPO 等因素的影响，资金面预期却是收紧的。而债市的波动，更多受资金面预期的影响。资金面松并不代表债券收益率要下行，资金面紧也不代表债券收益率一定要上行，关键在于资金面的预期差往哪个方向变化。

2017 年国庆节之后，银行间资金面其实就已经有所松动了，借钱的难度明显降低，隔夜利率也略有下降，但是在强监管下，资金面的预期还很差，尤其是年末。因为强监管，银行都不敢放跨年的资金，导致跨年资金利率最高到 25%，3M 股份制同业存单利率达到 5.4%，创下那波熊市利率的最高纪录。如果不是强监管，2017 年国庆节后，债市可能就转牛了。但是，为何出现资金面边际宽松，债市却不牛反熊呢？就是因为，在当时的强监管下，市场对资金面的预期并没有好转，大家还是惶惶不可终日，这也正是 2017 年 12 月同业存单利率创 2013 年钱荒以来新高的原因。不是市场没钱，而是市场没信心，资金面预期是紧的，有钱也不敢配置。直至 2017 年末跨年之后，央行的降准在 2018 年 1 月落地了，资金面也没有暴力收紧，市场才相信央行真的放松了，资金面预期才真正好转，债券市场的牛市才真正到来。

再比如 2021 年第一季度，资金面整体较为宽松，但因为美国的 1.9 万亿美元新冠肺炎纾困救助计划，全球资本市场交易再度通胀，以石油、铜为代表的大宗商品价格暴涨，以十年美债为代表的全球债券收益率大幅上行。但实际上，无论是我国国内市场还是美国市场，静态的资金面都还是非常宽松的。全球债券市场担忧通胀的背后是担忧央行收紧货币政策，可是美联储却打破了典型的凯恩斯经济理论，并没有因为高通胀而退出宽松。美联储认为"通胀是暂时的"，所以持续维持了应对新冠肺炎疫情的宽松政策。而债市投资者的担忧长时间没有得到验证，市场中资金持续宽松，机构的欠配状态也越来越严重，最终债券利率还是在强大的资金需求下，于2021年二三季度持续下行。

| 第 7 章 |

试　盘

万事开头难，一切靠试盘。

要想赚大钱，必须要重仓。

第一笔（试盘）是引流之笔，是打开心扉之笔，要坚决执行。试盘，是服务战略的工具，不是短线交易的策略；是刺探敌情的侦察连，不是决胜的大军团。

再坚定的判断都要先经市场的检验

用试盘验证投资是否正确

可以说，进入资本市场的人，都是冲着赚钱去的，但我们的心态必须要放平稳，不要抱着一夜暴富的心态入市，那样会很危险。很多时候，投资都是试探性的，真正确定的、赚大钱的机会并不多，这才是市场的常态，也是我们必须抱有的心态。

在加仓前，所有预判必须得到市场验证。如果说第一笔买入是试盘的话，那第二笔买入要得到第一笔的验证，第三笔要得到第二笔的验证，以此类推。那怎么来验证呢？

首先，第一笔买入，无论你是根据基本面分析，还是技术分析，在有充分理由看多的情况下，这笔都是用来试盘的，就是要验证自己的判断是否正确。

其次，第二笔买入，必须是在第一笔盈利的基础上买入，因为只有第一笔盈利了，才能证明你的判断是对的，否则，既然已经证明自己是错的，为什么还要继续买入呢？那就是错上加错，那就是赌！绝不可以在已经亏损的情况下，以摊薄成本的名义，去再次买入。即使你死扛第一笔，也不能加仓第二笔。这个时候主要考虑的不是买第二笔，而是第一笔如何止损离场的问题。

试盘，不是让我们盲目地跟着感觉随意入场，赚了就加仓，亏了就止损，而是要建立一套自己的投资体系，哪怕只是简单的出入场标准。在建立体系标准之后，认真观察市场走势，耐心等待入场条件。如果入场条件成立，我们就要严格执行，坚决入场，但并不是直接下重注，而是先小量试盘性买入，然后用试盘头寸的结果去验证这笔投资是否正确。对了，加仓；错了，止损。我们常说"钱在哪里，心在哪里"，你一旦拿真金白银入市，就会对市场更加敏感，就更能够用心去体会市场的心跳，感受价格的波动。

试盘，就是要刺探多空双方力量的强弱，所以试盘时，我们绝不能有主观的多空偏好，而是要"无多空"地，在交易系统的提示下出入场。不做死多头，也不做死空头，而要做一棵"海草"，随波漂摇，在浪花里舞蹈。我们要做真正的顺势者，不预测市场，而是感悟市场、应对市场。

👋 做资金也要会试盘

无论是银行的资金交易员,还是非银行机构的资金交易员或货币基金经理,在每笔交易的平头寸工作中,也都需要"试盘"操作。不是说货币的期限短、弹性小、超额收益少,就可以无脑平头寸。要想做好,也需要我们在日内精细化管理。

我们可以根据市场的成交价、中介报价或前一个交易日的价格,在早盘时先确定一个价格(限价)借入资金或定价融出资金。根据其成交的快慢速度,可以判断资金面的供需状况,进而可以判断资金面变化。不能一个策略用到底,不管资金是否波动,一早先来个限价借钱或出钱。限价不是目的,而是手段和工具,利用限价来试探资金面松紧。具体来讲:首先,在开盘前对市场先有个预判;然后,根据刚开盘时的市场状况,迅速确定一个价格(限价);接着,就是通过确定好的价格来试盘;最后,通过试盘结果,再对价格进行进一步的调整。

我们分借资金和出资金两种情况来看:

1. 借资金

(1)先紧后松或先紧后不松。如果早盘紧,那就有两种可能:要么紧一天,要么先紧后松。我们一般都会心存侥幸,希望能先紧后松,但愿望和现实常常不一致,所以不能直接赌下午。如果早盘紧,即使是高价,也要在上午收盘前平掉一半以上的头寸,剩下一半或小量缺口才敢去赌后面的资金松。

(2)先松后紧。假设在开盘之前已经预想到了什么情况可能要发生,那就要赶早平盘,而不能在开始时就限价而错失低价借入的良机。假设在开盘之前没有预想到后面会紧,而在一定时限内(比如半小时或一小时)又没有借到自己心理价位的钱,那就要"时间止损",不能再等了。这时资金面一定有问题,需要立刻放开自己的心理价位,而且放开的口子要按照先大后小的顺序,而不是按先小后大式的挤牙膏模式,那同样会一步步错失借入相对便宜的资金的机会,到最后倒逼自己融入更贵的资金。

2. 出资金

(1)如果判断资金面松,甚至是先紧后松,那就一早赶紧出,而且是按照市场价赶早出,否则心理价位一直高于市场价的话,就会错失早盘的高价借出良机。

(2)如果判断资金面可能有波动,也就是说有可能会收紧,那就要把放钱的节奏变慢些。可先拿出一定比例的资金定价融出来试盘,根据试盘资金融出的快慢来判断市场的供需状况,进而决定后面融出资金的节奏。

"势与愿违才是风险"。下跌不可怕,紧张不可怕,可怕的是实际趋势与自己的预期不一致,且没有及时调整策略方向顺势而为,这才是真正的风险。点位不重要,重要的是方向。我们要通过试盘的方法,倾听市场的声音,及时调整策略,顺势而为。

通过试盘,培养感悟多空力量的敏感度

前文讲到自己做资金时用试盘来操作的一些经验,宽松时怎么都好说,但在资金紧张时,无论是出钱,还是借钱,都要先拿出一小部分资金试盘:出钱的话,价格高一点,看有没有需求;借钱的话,价格低一点,看有没有供给。根据成交的速度、价格边际波

动,来判断资金面的松紧程度,再以此为依据来进行下一步操作。

这是操作资金时"试盘"的运用,在波动率更大的现券交易中,更应该有"试盘"的潜意识,以及对多空力量对比的敏感度。平时可以按照"感悟市场的力量和方向"的思路,有意识地记录感悟的过程,慢慢地就会找到更多感悟市场脉搏的方法。

2020年1月的一个交易日,我有非常强烈的看空预期,并空开了10手国债期货。然而,入场后发现,市场情绪还是很好,虽然整体还是横盘,但并没有预想的那么空。而且,自己本来就是在逆大势行动,所以,这种横盘大概率就是预期落空了,即"未被证明正确",应该时间止损、迅速离场,而不是把一个战术性的试盘单子变成一个长期被套的单子。如果预期落空,无论盈亏,都应立刻退出交易。这里"预期落空"有两层含义:一是推动自己入场的原因或逻辑改变造成的落空,二是涨跌方向或空间预期的落空。

我们可以用前面这种思路来试盘,去感悟市场的力量和方向。很多时候光站在岸边看是没有用的,必须跳入水中,有切肤之痛后,才能有深切的感受。所以,只要市场走势触及交易系统的入场信号,就应该先用小仓位试盘性下水,而不是在岸边被人性弱点左右,该入场时犹豫纠结,错过了又追悔莫及。系统入场信号一响,先跳到水中,错了就止损,对了就加仓。

与《大空头》的共鸣

2018年,在出差的途中看了一直很想看的电影《大空头》,主人公是一位基金经理,他强烈看空美国的房地产抵押证券,所以就专门找投行定制金融产品来做空房地产。然而,市场并没有如其想象那般发展，房地产价格上涨，他所管理产品的亏损不断扩大。他在办公室外面的黑板上写下"-19%"（产品收益率），压力非常大，非常沮丧。但是，当2008年次贷危机爆发后，美国房地产价格大跌，雷曼兄弟破产，最后证明这位基金经理是对的。影片的结尾，他在黑板上把产品收益率的数据改成了"+489%"。

看了这个电影，想起了自己在2017年第四季度的操盘经历，就是这个先痛苦后欣慰的感觉，太像了。2017年9月末，央行定向降准，加之以PPI为代表的宏观经济数据开始回落，经济基本面已经走弱，而整个市场的资金面较上半年边际宽松很多。综合基本面、政策面、资金面的边际变化后，我坚定地认为，债券牛市来了。于是，便在第四季度开始逐渐建仓做多。然而，市场并没有像2014年定向降准后一样，来一波大牛市，反而来了一波类似于2013年10月、11月时一样的恐慌行情，十年国开债收益率又上行了95bp。整个2017年的冬天我都承受着巨大的压力，备受煎熬，并不停地怀疑自己的能力、人生和职业生涯。终于，市场在2018年1月19日收益率见顶之后，开启了一波大牛市行情，最终证明了我的判断是对的。

在最艰难的时刻，《大空头》那位基金经理给每一位投资人发了邮件，恳请理解、信任和坚持。同样，我自己频繁地给投资人路演，去解释自己的投资体系，解释为什么看多。最后，竟然还说服了机构领导本人拿钱投了我的产品，因为他觉得我的投资体系是对的。直至现在，我依然感谢那位支持我的领导，因为没有他的支持，我连证明自己的机会都没有。不过，在感谢投资人信任的同时，还是有很多的错误需要深刻反思。我的收获是，再坚定的判断都要先经市场的检验。

成王败寇，虽然最后证明是对的，但那只是用结果掩盖了过程的错误。不得不承认，我和《大空头》里面的基金经理都犯了同样的错误，那就是：左侧、预测、固执，甚至是赌。虽然有一万个理由支撑自己的判断，但并没有得到市场的检验，没有考虑到市场的趋势，更没有考虑到投资人的承受极限。我们不能只顾自己开车爽，不顾乘客的感受，目的地是到了，但乘客晕了。再强的分析判断，也只是主观判断和预测，如果没有市场的检验，那就是赌。基金经理不是分析师，要做的不是预测市场，而是应对市场。

2017年第四季度的那次错误，给我的教训具体如下：

（1）信号是用来理解市场的，不是用来预测市场的。信号不止一个，要看多个信号，不要拿一个信号孤注一掷。投资体系的信号系统一般都是由多个信号组成的，提示的信号越多，成功的概率越大。但再好的体系，也不可能同时满足全部信号，有些甚至可能是相互矛盾的，所以我们不能偏重某个信号。市场可能因为某个信号上涨，但下一次就不一定了。我们要在趋势形成的基础上，用信号理解市场，而不是预测市场。

（2）用数据说话，不要自己臆想。"感觉CPI不可能再低了""从降准可以倒推出基本面不行了"，不要再说这种话了，你看到CPI下行了吗？你看到基本面走弱的趋势形成了吗？

（3）不去抄底。抄底操作的利润空间的确大，但风险更大。抄底不是一次两次的操作，而是一种交易习惯，一旦形成，迟早爆仓，因为在趋势的左侧抄底，胜率本来就不大，反而抄到半山腰是大概率事件。也许你是对的，但也许你在最后一跌中爆仓出局，连翻盘的机会都没有。所以，信号再强烈也不要去抄底，要等待市场告诉你牛市来了，并且由分析框架体系的信号验证了，才能真正杀入。用右侧的趋势验证左侧的分析，用左侧的分析解释右侧的趋势，两者相互印证，方可战略性入场。

（4）再大的利好也不要押上全部（all in）。投资不是靠消息来操作，而是靠投资系统来下单，要学会试盘和逐步建仓，尤其在趋势尚未明朗之前（即左侧）。

（5）交易性机会，即试盘性机会。试盘，就是探听敌情的侦察连，目的不是打胜仗，而是刺探敌情，机动灵活随时跑。所以，试盘时可做做左侧、探探多空力量，但真正战略性入场，还是要等趋势明朗之后。因为一旦重仓，人性的弱点会占据你的大脑，不是你想离开就能轻松离开的。仓位越重，思想越不客观，越会屏蔽不利于自己的信息。也不要担心右侧抢不到货，最怕的其实是"涨了，有恐慌"的人性弱点让你在右侧下不了手，自己才是自己最大的敌人。

（6）时间止损。尤其是在趋势明朗前（即左侧），可用2.5天时间止损法，前2.5天错了，剩下的半天就必须先跑掉。还要注意入场、出场逻辑上的一致性，入场逻辑在一定时间内被未被证明正确，要时间止损。

（7）坚定按照计划执行止损。入场前就要计划好能接受的最大亏损是多少，制订好作战计划。入场后，假如真的证明自己错了，就要坚定执行止损计划，赶紧认错离场，而不是杀红了眼，孤注一掷，死扛到底。

（8）再坚定的判断都要先经市场的检验。在没有确定牛市到来之前，不要战略性做多。牛市中做多，熊市中做空。不要自己去预判拐点，要让市场告诉你在哪儿。

那个冬天真的好痛苦，每天五点在梦中惊醒，六点到办公室开始反省，晚上九点又垂头丧气地回家反思。但那个冬天真的好有收获，我仔细回顾了那段时间的每一个操作细节和心理活动，看了两本投资心理学的书，写了五万字的反思笔记。好的基金经理背后一定有好的投资人，真心感谢投资人给的那次让我证明自己的机会，也感谢自己那段痛苦的经历。

万事开头难，一切靠试盘；要想赚大钱，必须要重仓

试盘，是服务战略的工具，不是短线交易的策略

试盘，是服务战略的工具，不是短线交易的策略；是刺探敌情的侦察连，不是决胜的大军团。

当然，你可以把它当成赚钱的工具，也可以把它当成赚钱的手段，但用法不同，结果就不相同。如果它是赚钱的手段，那么它更适用于做小波段，只能赚点小钱。因为它本身量就小，就像很多人只会用收入的一小部分来炒股，即使都亏了，也不会影响到正常生活，但即使赚了，也只是赚个买菜钱。因为股票对他们来说，只是资产配置的一小部分，所以不会大亏，也不会大赚，时间长了，甚至都可能把自己的股票账户给忘记了。因为量小，所以你才能泰然自若，才能在看待市场时更加客观。试盘还有更重要的作用，那就是作为下大注的工具。就像行军打仗一样，我们派遣侦察连，是

刺探敌人的虚实情况去了，不是让他们打胜仗去了，真正的决胜之战是后面的大部队军团决定的。所以，试盘不是为了做交易、赚小钱，它有一个更重要的作用，就是探听市场的多空虚实。

其实，"消息"和"试盘"都是工具，我们不能根据多空消息来下单，但是，我们可以利用多空消息检验最小阻力线方向。如果说"消息"这个工具是隔岸观火，那么"试盘"则是贴身肉搏。两者都是工具，目的都是发现多空力量的强弱，发现最小阻力线方向。

我们常常有想做短线的冲动，本来并不是因为战略性转空或转多的，只是想做个短线交易，赚点小钱，但结果却误用试盘，在短线正确的基础上，胆子越来越大，量越做越大，自以为盈利加仓，但实则逆势而为，错上加错。

2014年初我在8.0%以上配置了大量城投债，到了当年第四季度时，产生了丰厚的资本利得，于是，我就犯了"涨了，有恐慌"的人性弱点，就想卖出一部分落袋为安。当然，卖出的理由并不是战略性看空债券市场，而只是想做个波段，先实现部分收益，等市场收益率整体上行后，再买回来。开始卖出后，当时短短几天的时间，卖出量越来越大，理由就是试盘正确，所以加大卖出，越卖越兴奋。然而，市场并没有像我想象的那样上行，而是继续向下，结果踏空了一大段行情。

所以，试盘这个战略工具更适用于"冬去春来"之时，用分析框架体系中的信号理解趋势，用试盘下单验证趋势。在趋势性牛市或趋势性熊市之中，既然已经探明了大势，这时就需要大兵压境、重仓出击，而不是继续派试盘这支小股部队刺探多空力量了。除非市场已经进入了"春天"或"秋天"的牛熊交替季节，这时我们需要试盘来试探和验证"夏天"是否到来，或者，在"秋去冬来"时试探和验证"冬天"是否到来。试盘，是验证大的季节转换或者说牛熊转换的工具，不是用来做短线操作的，"杀鸡焉用牛刀"！所以，试盘更适用于"春天"和"秋天"，不适用于"夏天"和"冬天"。在"夏天"（牛市），试盘原则不能用，因为本来"夏天"的策略就是只买不卖，确认牛市直接下重注。既然趋势已经形成，试盘已经无用，越试越回头，越踏空。在"冬天"（熊市），试盘原则也不能用，因为本来"冬天"的策略就是只卖不买，确认熊市直接清仓长债，还用什么试盘？越试越犹豫，越被套。从战略层面讲，试盘更适用于"春天""秋天"这两个牛熊转换的季节，尤其是"春天"，因为"春天"一般很短，而且很有可能是"冬天"里的假"春天"。所以，需要多用试盘的策略，派小股部队进进出出来探明市场的虚实。但是，一旦"夏天"的信号与投资策略相互印证，且用试盘予以了确认，胜利的砝码已经倾向于多头，这时就不能再用试盘的策略小打小闹了。势头已经到了多头这边，必须重兵压境、重仓出击，乘胜追击赚大钱，不然你总是让部分仓位处于踏空之中，就总是在努力克服人性弱点的懊悔和"回头看"，越来越下不去手，踏空的部分就越踏越深。在确认趋势后，要迅速满足这种预期差，而不是让它扩大。用"债券大王"格罗斯的策略说就是"当概率有利于你时，要下大注"。

试盘是引流之笔

在投资系统提示入场时，就要坚定入场，先别管后面能不能赚钱，赚钱是交易体系的事，是概率的事，而能不能执行，就是你的事了。再好的交易系统，你不去执行也等于没有。方向性做空或做多的第一笔交易执行得一定要坚决，绝不能犹豫。犹豫，就意味着你没完全想明白，入场时犹豫，止损时就更犹豫，小赚大亏也就是大概率事件了。写交易计划时，可以斟酌和掂量一下，但根据交易系统写好交易计划后，在执行时一定不能犹豫，犹豫就意味着失败。

万事开头难，第一笔（试盘）是引流之笔，是打开心扉之笔，要坚决执行。

之前我有个坏习惯，买入做多被套后，就继续加量买入，来进行所谓的成本摊薄，这实际上就是在赌、不认输。但是，在2017年第四季度那次深刻的教训后，我就改掉了这个毛病，改为一旦出错，就停止操作。这确实是一个好习惯。那么，如何避免"回头看"、犹豫这个不好的习惯，尤其是开头入场时的"回头看"、犹豫呢？制订好交易计划，只要符合入场条件，不管三七二十一，必须坚定执行。如果错了，就暂停；如果对了，自信心就建立起来了，这样后面自然就从心理上克服了"回头看"、犹豫的问题，这其实也是试盘原则在实际操作中最难的心理关口。

万事开头难，每件事都是这样，投资也不例外，因为它是逆人性的。犹豫其实主要出现在开头入场的时候。哪怕一个很小的量，只要开了头，且证明了自己正确，自信心就会建立起来，胆子就会大起来，甚至会更加疯狂地进一步加量操作，形成加仓惯性。同样，如果一个策略多次使用，且多次大概率正确，那么你对这个策略的自信心就会增强，在使用时，也就不会犹豫了。果断，建立在成功的基础上，但开始时，我们不知道是否会成功，所以万事开头难，开始时没有自信可言，就必须逆人性战胜自己。

👉 顺势 + 重仓 + 坚持不动 = 赚钱

顺势是一切获利的前提，只有顺势，时间才是你的朋友。然而，人性往往会让你逆势而为，"涨了，有恐慌"的人性弱点会阻碍你顺势持有，在无形之中让你选择落袋为安、提前下车。要想获得巨额利润，必须要顺势。

顺势持有，坚持不动。机会都是等出来的，不是找出来的。建立自己的投资体系，剩下的就是等待。不要在市场中不停地进进出出，那赚的都是小钱。在趋势反转之前，如果我们坚定持有，或许只会犯一次错，但如果频繁操作，恐怕将不止一次犯错，频繁操作就是在放大错误。利弗莫尔曾说："我的想法从来都没有替我赚过大钱，总是我坚持不动替我赚大钱，懂了吗？是我坚持不动！对市场判断正确丝毫不足为奇。你在多头市场里总是会找到很多一开始就做多的人，在空头市场里也会找到很多一开始就做空的人。我认识很多在适当时间里判断正确的人，他们开始买进和卖出时，价格正是在应出现最大利润的价位上。他们的经验全部跟我一样——也就是说，他们没有从中赚到真正的钱。能够同时判断正确又坚持不动的人很罕见，我发现这是最难学习的一件事。但是股票作手在切实了解这一点后，他才能赚大钱。"

要获大利，必舍小利。如果你选择安全，那就要选择轻仓，选择落袋为安；如果你选择暴利，那就要选择重仓，选择忍受波动。若你能承受短期回撤带来的痛苦，就可能取得更多的利润，而你舍弃的是落袋为安后的那种安全感。但是，很多人过于贪婪，既想要低风险，又想要高收益；既想要抄到底，又想要逃到顶；既不想忍受波动，又想要赚到趋势。

要想真正赚钱，除了顺势、坚持不动之外，还必须重仓。如果只是蜻蜓点水式地轻仓参与，那么再精准的判断都赚不了大钱。所以，"顺势＋重仓＋坚持不动＝赚钱"。通过投资策略加季节信号来确认趋势及趋势的持续性，通过试盘来检验和感悟市场的趋势，一旦验证趋势正确，就要重仓狠搞，不要犹犹豫豫。该抢要抢，该追就追，不要自视清高，不想去人多的地方；更不要自以为是巴菲特，在别人贪婪时恐惧，在别人恐惧时贪婪。顺势，一切操作都要在顺势的前提下展开。

加　仓

👉 左侧，逆势，先小后大；右侧，顺势，先大后小

除了执行力差以外，还有一个人们理解不够深刻的观点就是"盈利加仓"。让利润奔跑，截断亏损；永不持有任何亏损的仓位，永远在赚钱的仓位上加码。做投资的很多都接受这样的观点，但是，多数还是亏损。

假设股市从2000点涨到6000点，很多人会有如下操作：

2000点的时候你怀疑，只投入10万元；涨到3000点，你投入30万元；涨到5000点，你投入100万元；涨到6000点，你卖房卖地，上杠杆，投入500万元。

这就是由小到大的倒金字塔加仓。

这种加仓方式是线性外推式的惯性加仓，拿 10 万元赚了 5 万元，就开始想象，如果投的是 100 万元，那么就会赚到 50 万元，于是加仓的本金越来越大，但仓位成本却越来越高，股市一旦见顶，稍有下跌，赚的钱立马就归零，甚至被套。因为在顶点加仓越多，成本越接近于顶点。

这就像开车一样，刚刚上了高速公路，开 80 公里／小时都觉得快，越往后胆子越大，开到 120 公里／小时都觉得慢。做投资也是这样，开始时，只敢投小量资金尝试一下，后来赚到钱，胆子就大了，就开始加仓、重仓。这是绝大多数人的操作手法，也是多数亏大钱的人的想法。

《上海证券报》2021 年 3 月 21 日报道：支付宝新开通了基金诊断功能，披露了过去一年持有基金用户盈亏分布情况。数据显示，绝大多数追逐"顶流"基金经理或者"网红"基金的基民都暂时陷入了亏损。例如，"公募一哥"张坤管理的易方达蓝筹精选近一年收益率超过 118%，但在近一年持有用户中，70% 以上的亏损幅度超过 5%。

2020 年 4 月疫情之后，A 股经历了一轮结构性牛市，但 2021 年 2 月下旬至 3 月中旬，一个月间，大盘指数下跌 8.7%，一个中级别调整让 70% 的人出现亏损。这是无数个单一投资者的盈亏统计情况，你可以把它看成你一个人加仓的过程，在正常思维下加仓，就可能是这个结果，即 70% 的仓位都会出现亏损，而且，如果你在赚钱效应的幻想中，加仓比例可能会越来越高，结果可想而知，不但会亏损，而且会巨亏。

这就是为什么说杀人的往往是牛市，因为牛市给了你财务自由的幻想。熊市里，人人知道有风险，你就不会投入太多，不会过于盲目。

在自己的投资体系中，先要试盘，正确后再加仓，但加仓的多少不是随意的和凭感觉的。盈利加仓，用好了是赚钱工具，用不好就是陷阱。如何防止"盈利加仓，一把亏光"的尴尬局面，是这一小节要讨论的问题。

如果由小到大的倒金字塔加仓不对，那么，由大到小的金字塔加仓就一定正确吗？金字塔加仓就是先重仓，再逐渐缩小。可这种模式需要市场上涨才行，如果市场在下跌过程中，你以为跌到底了，就直接重仓杀入，那亏得会一样惨！其实，这两种加仓模式以不同的市场行情为前提。

要分左侧建仓，还是右侧建仓。如果是左侧，那就应该由小到大（倒金字塔）建仓，如10%、20%、30%、40%；如果是右侧，那就应该由大到小（金字塔），如40%、30%、20%、10%。当然，即使是右侧，也需要先小量试盘，确认右侧趋势后，再由大到小地金字塔加仓，可以按10%、40%、30%、20%来建，这有点像鸡蛋，小大小地建仓。

无论是左侧由小到大的倒金字塔建仓，还是右侧由大到小的金字塔建仓，都能很好地控制成本，防止出现"盈利加仓，一把亏光"的悲剧。当然，我的投资系统并不支持逆大势左侧加仓，而是在顺大势的前提下，逆小势或者顺大势加仓。所以，这里讨论的左侧和右侧，要因人而异。

左侧，代表市场价格还在下跌，或者还在底部区间震荡，上涨的趋势尚未形成。但是，按照自己的判断或投资体系，认为机会来了，于是就想买入建仓。这时建仓就会亏损，因为底部还没有出来，上涨的趋势还没有形成。

左侧，最重要的是价值，需要用完善的投资体系，挖掘出资产的真正价值，如果达到了中长期的配置价值，即使未来价格还要下跌（收益率继续上行），也可以左侧逐步建仓，尤其是对于那些资金量大的战略配置盘。这个建仓过程要由小到大，这样你的建仓成本就是逐渐降低的，而且越大块的仓位成本越低。"时间是你的朋友"正适合这种左侧情景。

这种在下跌趋势中入场的交易就属于左侧交易，需要注意几点：

（1）不要犯"跌了，有希望"的人性弱点，不要凭感觉认为"我觉得跌得差不多了，可以进了"。

（2）既然不能凭感觉来评估资产价格，那就必须建立起评估价值的投资体系，来进行评估，例如我自己投资体系中的"套利信号"。

右侧，最重要的是趋势，赚的是趋势的钱、鱼肚子的钱。当趋势出现时，我们需要克服"涨了，有恐慌"的人性弱点，勇敢地去追、去重仓。建仓的节奏是这样的：如果是趋势刚开始形成的熊牛转换期，我们身处其中，也不敢确定趋势性行情是否开启，那么，这个时候就先用小量资金试盘，当试盘成功，可以大概率确认趋势性行情时，就要用先大后小的金字塔结构加仓，先40%～50%大比例进去，打好底仓。越是早建仓，仓位成本越低，越是晚建仓，成本越高。还有一种情况是，可能牛市开头你错失了机会，也没有拿小仓位去试盘，但趋势性牛市行情已经走了一段时间，趋势已经确立了，这时你可以直接用先大后小的金字塔结构加仓。

注意：

（1）有趋势，才能去追，才有盈利的空间，如果是横盘震荡，就很可能完全做反，刚掉过头来，以为趋势来了就上车，却来到区间震荡的顶部。这就是《股票作手回忆录》的作者选择在横盘时等待、在突破后才操作的原因。

（2）必须克服"涨了，有恐慌"的人性弱点，只要自己的投资系统确认了趋势，就直接先大后小地金字塔建仓。

前面说的是做多入场的结构，还有出场的结构。

左侧，卖出出场，因为上涨的趋势还未结束，但是你认为市场价格已经远远偏离了市场价值，后面市场情绪或者还会推动价格继续上涨，你认为风险已经很大，要卖出出场。这时应该先小后大地倒金字塔卖出，因为你也不知道趋势还会持续多久，而且很有可能自己的判断是错误的。先试盘性地卖出小量，一旦发现判断错误，一是还有勇气追回来，二是大部分底仓还在继续赚大钱，不至于满仓踏空。

右侧，卖出出场，因为下跌趋势已经开始，一旦通过自己的投资体系确认下跌趋势已经形成，就要克服"跌了，有希望"的人性弱点，先大后小地金字塔卖出。

总结：左侧，逆势，倒金字塔（先小后大）；右侧，顺势，金字塔（先大后小）。

人们往往是这样：刚下跌时，有希望，跌到最后快转向时，已绝望；刚上涨时，有恐慌，涨到最后快转熊时，已疯狂。

逆人性的做法是：刚下跌时，绝望，跌到最后快转向时，有希望；刚上涨时，疯狂，涨到最后快转熊时，有恐慌。

展开来讲，刚下跌时，人们是不认为趋势要结束的，所以很有希望，并认为"千金难买牛回头"。市场一跌，不但车上的人不下车，车下的人还想借机赶紧上车，这时的成交量往往就非常大（天量天价）。但实际上，聪明的资金已经借着这种人性的弱点在右侧出逃了。反而是当跌到最后快要由熊转牛时，人们在被反复摧残之后，已变得非常绝望，甚至远离了这个市场，当出现真正的转机时，却抱着不相信的态度继续观望，这时的成交量就非常低（底量底价），这也正是聪明的资金配置盘左侧底部吸筹建仓的良机。

刚上涨时，人们不会相信牛市的趋势来了，而更多认为这只是熊市中的一次小反弹罢了，心里还是有熊市带来的恐惧感，成交量依然不高，但也开始逐渐放大。而涨到牛市最后阶段时，市场已经疯狂，成交量巨大（天价天量），这时也是聪明的资金左侧出逃的机会。即使下跌了，市场还是觉得，这只是牛市中的一次小回调，散户继续上车，而聪明的资金已经借此出逃了。

先试盘，再在盈利仓位上加仓，这种模式其实是右侧交易的思路：先拿出小量资金，对了，赚钱了，说明趋势已经形成，再在此基础上加仓、重仓。那么，对于左侧的价值投资，或者说是越跌越买的配置型投资思路，则需要有非常过硬的资产价值评估体系、非常稳定的负债，而且是大机构、大体量的配置盘，才敢越跌越买地加仓，否则，真不敢这么操作。平时，即使我们在自己的投资体系下发现市场价格已经严重偏离了其价值，可以入场了，但很多时候，我们仍然不知道市场情绪会将价格发酵到什么程度。虽然我们的投资价值评估体系是对的,但有可能在市场证明我们正确之前,我们就已经爆仓了,或者客户忍受不了巨大波动而赎回,我们就连证明自己的机会都没有了。

所以,如果不满足前面几个条件,即使左侧入场,我们也要在入场之前做好"未被证明正确"或"被证明错误"时的出场计划,而且越是左侧,就越需要小量试盘。这就属于交易型左侧,而倒金字塔入场属于配置型左侧。配置型左侧,是大资金入场建仓的模式,需要负债稳定,能扛波动;交易型左侧,是中小资金入场的模式,是探测拐点的先锋队,所以必须要小量再小量,入场前就要做好出场计划。

止损,是赚钱的前提

研判方向靠轻仓试盘,想赚大钱靠加仓重仓。先轻仓试盘,错了止损离场,对了加仓重仓。

验证方向靠试盘,增强信心靠试盘,顺利加仓靠试盘。

万事开头难,一切靠试盘。要想赚大钱,必须要重仓。

试盘入场时,我们首先要想的问题不是进去能赚多少钱,而是错了该怎么办。把最坏的情况预想到,并计划好能够接受的最大亏损是多少,这就是空间止损。在考虑完错了止损的问题之后,才轮到对了能赚多少钱、在什么位置止盈的问题。在空间止损之前,还有一种止损方式是时间止损,即未被证明正确时该怎么办。

试盘入场后有三种情形:

情形一,未被证明正确,平仓(时间止损);

情形二,被证明错误,平仓(空间止损);

情形三，被证明正确，加仓（在盈利的仓位上加仓）。

执行情形三的前提，一定是你坚定执行了情形二。情形一的时间止损，多在逆势试盘时使用，如果是顺大势，可不使用。如果我们不严格执行止损，那就永远不会盈利。因为，你可能是在一波牛市收益率的最低点（价格最高点）买入的，当市场由牛转熊后，收益率就会趋势性上行，如果你一直都没有执行止损，而是一直持有，那账户就会一直处于亏损状态，直到再次迎来牛市，收益率下行至你的成本价，你才能解套，被证明正确，之后再加仓。这样操作岂不是很可笑？这说明，如果不去执行止损，放长看，是多么可笑和不可思议。

举个极端的例子：假设2016年10月20日，你以3.01%的收益率满仓买入并持有了十年国开债，之后利率开始上行，债市进入了熊市。如果你一直都没有止损，而是等待解套的那一天，且没有新增资金让你加仓，那么2020年3月市场才会回到你的成本线，2016年的持仓才能解套，才能证明你是对的。因为你一直都没有执行止损，之前的仓位一直处于亏损状态，也就不会有情景三了。

再举一个我自己做错的例子：2017年第四季度，因央行定向降准，以及PPI走弱，我重仓买入了十年利率债，可我不但没有在"未被证明正确"的时候去时间止损，而且在被套后，在已经完全被证明自己错了的情况下，依然没有执行最后的空间止损，而是每天都在做希望交易，幻想死扛。直到2018年第一季度末，利率趋势性下行之后，方才解套，而这时牛市已经过去了一大截。假如我当时能够按照交易规则严格执行止损，再根据入场信号二次入场，就不会有后来的煎熬了，而且新的建仓成本会更低。

所以，要想赚钱，必须先把止损执行好。

我们要无情地、果断地执行止损。同样，系统发出买卖信号后，也要勇敢地先用小量去试盘，未被证明正确或直接证明错误，就果断平仓；而一旦证明正确，就坚定加仓。万事开头难，你不去真正下单试盘，你就不会真正感受到市场波动的情绪和脉搏。被证明正确了，你的信心就会增强，后面的加仓也就更果断而坚定。否则只看不做，总是隔靴搔痒，即使机会来了，我们也没法在第一时间察觉，更不要说去抓住它，反而可能是越踏空，越失望、纠结、懊恼，机会就越来越远。

所以，试盘很重要。量小，你也不会太在乎，胆子就会变大，才敢下手。未被证明正确时，亏一点也不会太在乎，止损也会更坚定；而一旦证明正确，自信心就会增强，加仓才会更果断、更顺畅。就像开车一样，先慢慢起步，再慢慢加速，这也符合人性。其实，如果我们运用得好，试盘和加仓就不是克服了人性，而是利用了人性。一定要先用试盘来打开局面、打开心扉，否则只看不做，心就不会打开。要么一直踏空，要么一直被套。人常说，屁股决定脑袋，我们就是要先把屁股放进去，按照系统信号先把车开起来。

在建立起一套适合自己的交易系统后，投资就会变得很简单。在系统入场、出场信号的指引下，在交易系统的指引下，操盘动作无非就是三个：等待、试盘、止损或加仓，如此循环往复。

👌 止盈：设止盈、看斜率、盯翻越

"前天入场做空了 2 手豆粕，入场点很好，今天就赚了超 10%，又犯了'涨了，有恐慌'的错误，担心到手的利润飞了，于是，今天下午就赶紧获利了结了,但后面却继续下跌,自己的空单结束得过早了。就在上个月,自己按照'区块链'策略做多豆粕时,犯了同样的错误,也是在还没有到达止盈位时,就因为'涨了,有恐慌'的人性弱点,自己把自己吓跑了。"

上述内容是某一天的交易笔记。按照投资策略,止盈也是有参照点的,但我却总是在没有到止盈位时,就因生怕到不了而提前下车,甚至都不是被市场震下去的,完全就是自己把自己吓跑的。在入场时,也会有相似的状况,没有等待入场条件完全成熟,入场点还没到,就生怕到不了而错过机会,于是提前入场。其实,不管是入场还是出场,都需要耐心等待。相比而言,提前入场的冲动还好克服,因为大不了就是错过机会,至少本金不会有亏损;而在做对盈利后,因为没有即时止盈,到手的利润没了,甚至连本金都亏出去了,那种后悔感就会非常强烈。

在没有投资策略之前,因为没有明确的止损止盈,心里没底,后来有了自己的出入场原则和策略,但依然会在执行上出现问题,总结起来就是:

(1)错了,到达止损位后,做希望交易,不能止损(错了,亏了,有希望了);

(2)对了,未到止盈位前,做恐慌交易,提前止盈(对了,赚了,有恐慌了)。

在盈利时,为了不让自己提前下车:一是入场前,要设置止盈位;二是离场时,要看斜率是否变小;三是离场时,至少要看到盘中(日内)区块的翻越-反转。

我们为什么要等待斜率变小?因为当趋势已经很明显,并且表现较为强劲时，即使到了阻力位，市场也不一定掉头，掉头先要有趋势斜率变小。所以，这时不能轻易止盈离场，一定要等待趋势斜率变小，才能考虑止盈。

趋势很难改变，尤其是当趋势力量较为强劲时。突破一个阻力位，就代表趋势进一步确认一次。趋势中的阻力位是用来突破的，而不是让我们轻易下车的，阻力位只是一个参照。在这个位置上，突破了，代表趋势更确定、更强劲；遇阻了，斜率会先变小，震荡会加剧。那么，斜率变小的标准是什么呢？从交易的角度看，是市场创出一段时间的新高后，在随后的一两个交易日内，没有再度创新高，而且出现了明显的十字星，日内波动明显加剧，即日内区块来回翻越，没有一个一致的趋势。当然，这是指时间最短的日线斜率，如果是看周期更长的大势，观察的交易日相应地就要更多。

如果趋势性不强，或者趋势还未显现，抑或是近期大势就是震荡行情，那么，在到达区块阻力位之前，确实有可能提前转向。但是，我们也不能仅靠自己"涨了，有恐慌"的感觉，在没有到达止盈位之前，在没有等到斜率变小之前，就提前下车。我们总是要有一定依据的，这个依据就是区块翻越。至少要看到盘中的区块发生翻越，否则就不要自己吓自己地离场。

所以，在止盈离场时，不但不要在到达止盈位之前提前下车，而且不要一到止盈位就立刻离场，要看看市场是否在预设止盈的阻力位发生日内区块翻越，日K线的斜率是否降低了，如果都没有，就代表趋势依旧强劲。尤其是在阻力位附近，如果依然有光头光脚的顺势K线，或者完全没有日内区块翻越的强势K线，那就不要止盈，要等待日K线斜率降低。在突破阻力位时，市场的力量往往非常强劲，不会拖泥带水、慢慢吞吞。所以，市场在接近阻力线时表现强劲，很有可能是要突破的，而且大概率是真突破。在突破之后，不要怀疑，要耐心地持有，并等待斜率的降低。

时 间 止 损

👉 时间止损：未被证明正确，即止损

一提到"止损"，人们一般想到的是亏多少就卖出，其实这是"空间止损"的概念。在止损中，还有另外一种比空间止损更早发现风险的止损方式，就是"时间止损"。如果说空间止损是你的操作已被证明是错误的，那么，时间止损就是一定时间内你的逻辑未被证明正确。所以，时间止损也称作逻辑止损。它不一定非要证明你错了，但没有在规定的时间内证明你是对的，此时，你就应该离场。

这就是比空间止损更早发现风险的时间止损，但是，要运用好时间止损，就必须知道正常的标准逻辑是什么样的，以此作为衡量的标准，一旦市场未按正常的标准逻辑来走，就说明有风险，就要及时离场。不要让价格的涨跌空间来告诉你出错了。等到用空间来止损，就已经晚了。

举个例子，如果两个不曾相识的人要见面，事先在电话里约定好一些关键特征，如穿红色风衣、戴黑色礼帽、拿黑色皮包等，那么，当你到达约定的地点时，发现一个穿着红色风衣、戴着黑色礼帽的人，但没有拿黑色皮包，你有两种选择：一是，在约定的时间

内，没有特征完全相符的人出现，就立刻离开；二是，在约定的时间内，没有特征完全相符的人出现，却有一个相似的人在，就上前核实下身份，如果不是，再离开。

大多数人可能会选择第二种处理方式，即上前与特征相似的人核实下身份，万一错过了就太可惜了，岂不是白跑一趟。但是，如果我们再给这个例子加个条件，即他们见面是干坏事的，而且之前还都不认识，那估计就会有更多的人去选择第一种方式。因为是做坏事，所以就不敢贸然核实，不然就会暴露自己，万一是抓他的人装扮的呢！特征不符即离开，这是时间止损；特征不符上前核实后再离开，这是空间止损。

时间止损，不需要核实，被抓的风险小，但白跑的次数多；空间止损，需要核实，白跑的次数少，但被抓的风险大。这个干坏事的前提条件在我们投资的场景中，就是逆大势。道理是一样的，干坏事，就是犯法、逆大势，做投资要是逆大势，也不会有好的结果。所以，时间止损更加适用于逆大势的操作，而如果你是顺应大势的，多数情况下，就不用考虑时间止损，因为你没有"干坏事"，可以正大光明地去核实对方的身份。你可以等待，可以有暂时的亏损，因为时间是你的朋友，大势会弥补你入场的不足。大势或许只是中场休息，只要趋势的形态没有走坏，我们就可以多一些耐心去等待。

再举个简单的例子：当在考场上遇到一道不会做的题时，我们的方法是，先在一定的时间内冥思苦想，如果还不会做，那就跳过去，做下一道题。我们不可能因为一道题不会做，就一直卡住不往下进行，不去争取后面的分数。我们考试的目的是得分，不是在一个问题上死磕，去科研攻关。投资也是一样，目的是赚钱，市场上每天都有无数的赚钱机会，我们只赚能力范围（投资体系）内的钱。什么钱都想赚，代表你还没有建立起自己的投资体系，还不知道自己的能力边界，还不知道什么钱是自己该赚的，什么不是，完全没有能力圈的概念。我们建立自己的赚钱（投资）体系，看到机会就入场，未被证明正确（时间止损）或被证明错误（空间止损），就离场，等待下一次机会，循环往复。具体就是，当一笔交易入场后，在一定的时间内，钱没有赚到，入场逻辑也未被证明正确，那就先离场出局，去等待下一个入场条件的成立，赚下一次机会的钱。而不是卡在一笔交易上，消耗过多的时间。如果赚钱了还值得，如果亏钱了，不但会影响这笔交易，而且还可能会打乱后面入场的节奏和对入场机会的判断。

时间止损有两个要点：时间，入场多长时间未被证明正确；逻辑，入场前的逻辑或理由是否被证明正确，预期的情景是否出现。

在入场之前做交易计划时，多数人都在臆想这笔能赚多少钱。但实际上，我们首先想到的是假如错了该怎么办，如果错了能接受的最大亏损是多少。在逆势入场时，尤其要加入时间止损的计划。在想到最坏的情况后，才是去想如果这笔交易对了，可能的盈利空间是多少，这样就能匡算出这笔交易的盈亏比，以及为了赚钱我们可能付出的成本是多少。所以，入场前的交易计划，要有以下三个情景假设：

（1）时间止损，未被证明正确，如何应对；

（2）空间止损，被证明错误，如何应对；

（3）加仓或止盈，被证明正确，如何应对。

做空不赚，不在跌势；做多不赚，不在涨势

如果我们卖出了，市场并没有如自己预期一般下跌，那就证明自己是错的，就要及时反向操作，绝不能有"加仓摊平成本"的想法，让自己错上加错，只有在盈利时才能加仓。

做空不赚，不在跌势；做多不赚，不在涨势。

但是，做多或做空后，市场不可能立刻就按照自己操作的方向运行，还是需要观察一下的，可到底需要观察多久呢？看价格空间会比较直接，可以直观地看到盈亏，但买入后，市场几乎横盘，一天波动不足 2bp，一会儿小赚了，一会儿又小亏了。如果是这种情况，买入后没能用短期内的盈利来证明操作的正确性，那到底应该是死等收益率上破某个绝对值后在空间上止损卖出呢，还是两天内没有证明操作是正确的就立刻在时间上止损离场呢？这要看顺势，还是逆势。如果是逆势，就应该选择时间止损；而如果是顺势，就不必时间止损，而是选择等待。因为顺势，你选择的就是大胜率事件，就值得为之付出必要的时间成本。

2.5 天时间止损法

时间止损的一个重要的点就是"时间"，那么，在入场后，既未被证明正确，也未被证明错误（在空间止损之前），我们该在多长时间之内止损呢？

这个问题确实没有一个准确的答案，而且还要看你是做短线、中线、还是长线。有句俗话叫"事不过三"，根据我的实战经验，如果我们是以试盘的心态做中短线，那就以三天为限。如果你看

多，入场三天后，既没有出现明显的亏损，迫使你空间止损，也没有大的盈利证明你是对的，而是横盘震荡，导致今天微利，明天微亏，那我们就在第四天离场。如果说空间止损是最后一道城防线，那么，时间止损就是城防之外的防御阵地。

通常情况下，在债券投资中，人们在设置止损时，都会取一个绝对值，例如 5bp 或者 10bp。在浮亏达到这一最后的防线之前，我们还可以设置时间止损。其实，时间止损也可以看作自己与市场之间的预期差，因为你入场后和入场前的预期是不一样的。入场后没有证明入场前的预期，这样所形成的预期差，会让你忐忑，甚至不爽。当然，我们不能在入场的第一天出现自己与市场的预期差时，就立刻出场。想要获得收益，必要的时间成本还是要有的。但是，如果连续三天都有预期差，都没有证明你是对的，那就有可能是自己错了。

为了谨慎起见，尤其是在逆大势入场时，可把时间压缩为 2.5 天，这就是"2.5 天时间止损法"，即当预期差出现 2.5 天时，剩下的 0.5 天就是止损或买入的操作阶段了。

被套后 2.5 天卖出止损很容易理解，就是买入做多后，如果两天半还没有证明这笔交易是正确的，那就卖出离场。另外，对于止损，我们不能只想着被套止损，踏空时也是需要止损的。当我们被人性弱点"涨了，有恐慌"所驱动，逆势落袋为安卖出后，价格还在继续上涨，那我们就踏空了，踏空后让你追的感觉，要比被套后让你补的感觉更痛苦，预期差更强烈，因为被套后你的心中有希望（跌了，有希望），而踏空后你的心中有恐慌（涨了，有恐慌）。踏空同样可以用 2.5 天时间止损来挽回败局，避免踏空更大的行情。在踏空并产生不爽的预期差 2.5 天后，在第 3 天的下午交易时间，卖出操作还未被证明正确，那就在收盘前时间止损追回来。

不但长债可以设置 2.5 天时间止损标准，短债一样是适合的。几年前我管理一只大的货币基金，以配置 1 年内的银行同业存单（NCD）为主，每个季末月份都会利用跨季资金收益高的特点来加大配置量。我自己的经验总结是，只要一级市场上银行同业存单放量，收益率就基本上达到了阶段性的最高点。但后来发现这一招不太灵了，在放量时买进之后，银行作为发行人就会立刻下调利率。正常情况下，如果市场需求真的很旺盛，那么，在银行下调利率后，还会有很多投资人跟进买入，一级市场的发行量会继续放大。也就是说，如果银行降价，发行量依然很大，那么就可以判断，这个季度的 NCD 利率基本见顶了。但是，如果下调后没人跟，即降价后不再放量，而是明显缩量，那么，大概率后面收益率还会再次上调。所以，后来我的操作策略就改变了：第一，依然坚持放量猛干，因为我也不知道降价后会不会缩量，不去做预测，但已经做好了应对的准备；第二，两三天内降价不放量，立马卖出之前买入的量，等到收益率再次上调并放量后，再入场猛干。这个操作方法屡试不爽，虽然也有判断错误而踏空的时候，但胜率很高，这与股市操作中的"量价齐升"是一个道理。在 2.5 天左右的时间内"未被证明正确，即止损"，知道标准的正常情景是什么，一旦异常，就观察 2.5 天，如果没有证明正确，就先出场观望，等待下次入场时机。

此外，从大的季节方向上看，如果确定市场正处于熊市或牛市之中，就不去做波段交易。牛市中持有、熊市中空仓，这个道理大家都懂，怕就怕在自认为市场处于熊市的末端或者牛市的末端时，犯抢跑或踏空的错误。在熊市探顶、牛市探底之时，最容易出现被套或踏空的风险。

熊市中，容易犯抢跑的错误。自认为熊转牛到来，容易死在黎明前的黑暗中，更容易被套，毕竟熊市还没有真正结束，你的入场依然属于逆大势。所以，更要运用时间止损，只要出现2.5天的预期差，就要在第三天的后半天卖出，跳出圈外，旁观者更清。如果连续出现2.5天的预期差，那就说明自己的入场逻辑错了，就要先出来清醒清醒、定定神。

牛市中，容易犯踏空的错误。自认为牛市快要结束了，牛要转熊了，于是变得越来越谨慎，提前跑掉了。如果出现2.5天的预期差，就是自己错了，就要想想是不是要追回来做多。

当然，上面的2.5天是一个做中短线常用的时间止损单元，我们也可以把"天"改为"小时"或"周"。在做超短线的日内交易时，按照2.5小时或更短来操作，而在做长线交易时，以2.5周或2.5倍的某个时间段作为时间止损的标准。

其实生活中做事与时间止损异曲同工。假如你跟人商量做一件事，但对方长时间没有给你回复，可能就是对方不感兴趣，但又不好驳你面子直接拒绝你。此时，你就可以时间止损，提前放弃，不用自讨没趣。

时间止损之情绪止损

你难受的时候，就是你出错但又不愿承认的时候。

2018年1月下旬，两年多的债券大牛市开启。3月，我管理的产品收益非常好，心态就有点飘了，就想着做个小波段。当时并非真正看空，反而是坚定看多的，因为在2017年第四季度翻多入场后，就一直套着、痛苦着。但"涨了，有恐慌"的人性弱点，还是让自己心里痒痒的，就想玩个小聪明，先卖后买，等收益率上行10~20bp后，再追回来，降低组合成本。3月中旬，刚卖出就踏空了，很难受。结果一等就是近一个月，这一个月里一直都没有像样的调整，仅有些小的波动，而自己一直在踏空中难受和纠结着，不但没有等到自己希望上行的20bp，反而踏空了20bp，之后才逐渐上车追回来。

这种感受刻骨铭心，当你感到难受、不愉快、纠结时，一定是你出错了，这种预期差会越拉越大，心里会越来越难受和后悔。这时我们需要的不是找理由来支撑自己的错误操作，而是要及时制止不良情绪的蔓延，即"情绪止损"。这是时间止损概念的延伸。

本来看空卖出了，结果价格没有下跌，而是上涨。持续踏空的痛苦让我开始找理由来安慰自己，开始本能地、无意识地找看空的理由，即屏蔽利多、寻找利空。这其实是错误的做法，正确的做法是重新检测自己的交易系统：技术形态发生翻越反转了吗？资金面这条主线变了吗？央行的货币政策态度转变了吗？资金面收紧了吗？八个信号有几个预警了？季节发生变化了吗？买卖下单原则符合了吗？如果技术形态没有发生反转，交易系统没有提示变化，市场依然处于夏天之中，那么卖出就是逆大势的。在未被证明正确，甚至已经被证明错误的情况下，要及时情绪止损。

让情感征兆为自己服务，三天不爽立马平仓。

当方向做反的时候，心里会有不舒服、难受的感觉，一旦有这种感受，就说明我们做错了，我们要做的就是来填满这种不爽（预期差），不要让这种初期的不爽演变成愤怒。所以，不要让这种难受、不舒服的感觉无期限地蔓延，甚至变得麻木，而要及时截断各种负面情绪，来填平内心的预期差，手段就是离场、反向操作。当然，不能稍有不爽就立刻止损离场或反向操作，有可能只是短期的调整，刚反向操作填平内心的预期差，市场又开始掉头沿着原有的方向运行，导致左右打脸。我们之所以很难及时承认错误来反向操作，就是因为这个心理，或者是因为之前被打过脸，打怕了。确实如此，但我们也不能因为怕打脸而不去改正错误，让错误扩大。那么，如何才能既降低打脸的概率，又能及时改正错误，让情绪止损呢？

当难受的情绪产生时，要立刻将自己的交易系统重新检查一遍。

（1）技术形态是否有变化？即区块是否发生了反转，我们的操作是否在顺大势？如果是顺大势，就可以继续忍耐；如果是逆大势，就要考虑截断痛苦，情绪止损（时间止损）。

（2）一条主线——资金面是否有变化？尤其是政策方向、态度上的变化，可以通过"时点检验法"来观察央行政策方向是否改变，市场资金面是否发生边际变化。

（3）季节信号是否发生变化？把四个季节中的八大信号全部更新一下，对季节再做一次定位和校准，在投资策略原则确定的技术方向上，是否有更多的技术信号给予支持，趋势的延续性到底如何，需要季节信号加以分析确认。如果两者相符，趋势延续的概率就大，我们就要顺应季节大势。如果不符合，就立刻"情绪止损"（时间止损），并反手操作：买入的，卖出去；卖出的，追回来。

在确定市场所处的季节后，我们按照季节策略来讲。

春天之中，中观策略是试盘建仓。但三天不爽也要反向操作填平不爽，毕竟是试盘，趋势是否反转还有待市场验证，若未被证明正确，就要时间止损。

夏天之中，中观策略是只买不卖，久期越长越好。如果你是因为空仓踏空或卖出踏空而不爽，那么，你的这种不爽就必须要以买入做多来填平，而且一定要加量来填，千万不要卖多买少，或者只是卖多少买多少，买量一定要大于卖量，不管你踏空了多少，都要加量买回来。别管市场后面是不是要调整，也千万不要有这种期待，因为这种期待会让你踏空更多。不要讲什么等待安全边际，这是给自己的恐慌感找理由，记住，正确的路上永远都不晚。

秋天之中，中观策略是票息为王。底仓配置中长久期债券，以吃票息为主要目的，然后辅以长债的波段交易。

秋天和春天是两个转换和过渡性季节，试盘虽然是我们常常用到的工具，但往往在这两个季节可能出现误判，例如在冬天尚未结束时，只是一次气温的回暖，就有可能让你误以为春天来了，把你诱骗进去抄底，但实际上真正的寒冬腊月还在后面。最典型的例子就是2017年的债券大熊市（冬天），6月时资金面边际好转，气温有点回暖，收益率也确实下去了，但7月、8月再上行，9月时资金面边际宽松，收益率再度下行，而且在9月30日，央行宣布远期定向降准。资金面的边际放松、政策上的明显放松，这是多么明确的春天信号，但实际走势表明，寒流就要到来。2017年第四季度，收益率急剧上行。

上面是假春天的例子，还有假秋天：在大牛市的夏天之后，市场开始大幅调整，你以为这是秋天来了，但实际上可能只是夏天中的一次异常冰雹天气，真正炎热的酷暑还没过去。2015年上半年，整个市场宽幅横盘震荡，且经过2014年大幅下行之后，收益率已经下行到了上一轮牛市的底部。无论是下行的幅度、绝对值，还是上破90日均线后的大幅上下波动，都让人不得不相信，秋天已经到了。但是实际走势表明，这只是夏天中的一波冷空气而已，牛市的后半程还在后面。

那么，当遇到这种假春天或假秋天时，我们又怎么从根本上避免中观策略上的失误呢？其实当你身处其中的市场环境时，真的很难判断是真的春天或秋天，还是一次时间较长的中场休息。为了避免这种误判，或者说为了把失误减少到最小，我们可以用关键点位是否突破来判断是真是假，即用投资策略来确定趋势：区块不翻越，趋势不改变；区块一翻越，季节就改变。

养成清仓后再建仓的连续性习惯

清仓后再建仓

"顺势而为"说起来简单，做起来太难了，因为顺势是逆人性的。每个投资者都知道"顺势而为"，但在人性弱点"涨了，有恐慌""跌了，有希望"的驱动下，实际情况往往是逆势操作：在已经犯错的情况下，不能及时认错离场，而是死扛到底，或是把亏损碎片化，更有甚者，逆着大势单方向加仓、再加仓，最后精神崩溃、大亏离场。

再坚定的判断都要先经市场的检验，因此，入场要先试盘，试盘正确后再加仓，但错误后就要离场，甚至反手操作。因为你已经知道趋势不在你这一方，那就要及时反手操作。当然，市场也不是"非黑即白"的，还有一种操作就是等待。当趋势不在我们这一方时，千万不要一根筋地赌一个方向——入场、止损、再入场、再止损，而要顺大势，只赚顺势的钱——入场、持有、止盈。

　　人们常说"不撞南墙不回头"。投资也是这样，让一个人短时间内认错真的很难，尤其是有"面子"的心结在时就更难，更别说认错反手了。我曾经在一个月内连续14次入场做空国债期货，结果都是亏损出局。回头想想这太不可思议了，但当时已经和市场赌上了，就是不服，而且也有担心：别刚一反手，市场就反转了，左右打脸岂不更没面子、更不爽！就是在这种心态下，持续犯错，持续逆势操作。这就是最失败的操作：逆大势、碎片化、不服气。在连续被证明错误的情况下，还继续做空，没有一笔在被证明错误后反手顺势。

　　因为"面子"或人性弱点的驱使，人们很难及时认错、止损出场，即使止损了，还会沿着原来的方向，选择有利于自己的消息，继续入场，实际上还是思想惯性太大，没有从根本上做到顺势。所以，我们在入场时，思想上要做到"无多空，闻风起，顺势动"，而不是先入为主，让一个方向占据你的大脑。屡败屡战，勇气可嘉，但在逆大势的情况下，必然是头破血流。

　　还有一种情况是，初战即终战：入场出现亏损后，先是不止损死扛，等扛不住止损出场后，元气大伤，自信心严重受挫，很难在短时间内重拾信心再次入场。尤其是止损离场后，价格不跌反涨，那种踏空的不爽，让你很难在止损后立刻反手追回来。我们不但要在入场时计划好做错了要如何应对，而且要在出场时计划好离场做错了又该如何应对。这是一个连续性习惯，当然，这个连续性习惯不是要让你永不离开市场，而是让你抛掉思维惯性，一切按计划行事。等待、空仓，同样是操作的一部分。

所以，我们要养成清仓后立刻建仓的连续性习惯，即使屡战屡败，也要无情无我，养成连续性习惯，而不是在懊悔中不停地回头看，不停地懊悔。在养成这样的习惯后，还要养成及时认错反手的习惯。既然错了，就要认错止损，而不是与市场赌气，也不要因担心被市场左右打脸而一错再错。一旦确认趋势不在自己这一方，就要在顺大势的前提下养成清仓后立刻反手建仓的连续性习惯。投资要无情，这种无情不但体现在入场时不纠结，还体现在认错清仓后再建仓的义无反顾。

其实，只要是人，都会有人性弱点，都会在逆人性时痛苦万分。这就需要建立自己的投资体系，用体系和规则来抑制它，把人性关在"规则"的笼子中。我们要有判断趋势的量化标准，要有时间止损和空间止损的量化标准，能量化的尽量加以量化，这样就不会给情绪发酵的空间，不要用"感觉""可能""差不多"等作为自己判断行情的依据。

| 第 8 章 |

人 性

投资中的两大人性弱点是:

(1) 涨了, 有恐慌;

(2) 跌了, 有希望。

人 性 弱 点

👆 人性弱点: 涨了, 有恐慌; 跌了, 有希望

趋利避害是生物的本能, 否则将不可能长期生存。规避风险, 向往美好生活, 是我们每个人的生存之道, 也是每个人的人性所在。在投资中, 趋利避害表现为: 寻找确定性, 规避不确定性; 寻找收益, 规避亏损。所以, 当我们做对浮盈之后, 总想落袋为安, 追求获利的确定性, 规避未来可能回撤的不确定性, 即对了, 赚了, 有恐慌了; 而当我们做错浮亏之后, 总是不愿意止

损离场，追寻那份可能的收益，规避现实的亏损，即错了，亏了，有希望了。

我们常常会这样操作：如果你看多市场，就会买入债券或股票，但其实你的判断是错的，买入后价格开始下跌（收益率上行）。在下跌初始阶段，你还觉得市场是错的，价格总会涨回来，所以越跌越买。第一次加仓时有信心，第二次还有信心。如果价格继续下跌，没有如你所愿出现反弹，你就要么不服输继续赌，要么自信心受到严重打击，开始怀疑自己当初的判断，懊悔、愤怒、自责。最后，崩溃止损。而此时的止损，可能真的就在黎明之前。

人们总是在下跌的时候（收益率上行），才敢下手买，在上涨的时候（收益率下行），反而下不去手。为什么？因为我们总是回头看：下跌的时候敢买，是因为我们回头看觉得比以前更值了，觉得讨便宜了，很开心，所以敢买，而且还是开心地买；上涨的时候不敢买，是因为我们回头看觉得比以前更贵了，觉得吃亏了，心里很不平衡，所以不敢买。这种人性弱点进一步可以拆解为四种情况：

（1）跌了，空仓者觉得跌到位了，终于可以抄底了，有希望了，于是买入。

（2）跌了，满仓者被套了，就希望涨回去再平仓，不想让浮亏变成实亏，于是每天抱着这种希望死扛。前期盈利而没有被套的，在开始回撤后，希望再涨到前期高点再卖出，同样抱着一丝希望，看着前期的高点等待着。

（3）涨了，空仓者跌空了，就期待着调整一些后，再买入，因为怕一买就被套，这就是有恐慌了。

（4）涨了，满仓者盈利很多，但又害怕市场随时下跌，总是抱着一种落袋为安的心态。第一次回撤时，因为没有预测到，还不以为然，所以期待回到高点再止盈离场。而当第二次甚至第三次震荡回到前期高点时，一多半人都因担心市场反转而被震下车了，因为"高处不胜寒"，有恐慌了。

要想赚钱，一定要规避人性弱点。跌了，不要有希望，必须严格止损；涨了，不要有恐慌，必须坚定持有。这样才能做到截断亏损，让利润飞。

2014年初，债市由熊转牛，我配置了大量8.0%附近的城投债，其中一只让人记忆犹新的券是"14豫交投MTN001"，票面利率8.5%，是在一级市场以100元的价格买入的7年+5年超长期中票。现在看起来是优质且可以持有到期的债券，却被我在2014年第四季度就以110多元的净价给卖掉了！到了2016年8月，该券的净价已经涨到了135元以上，这还不算其间8.5%的票面收益。

当时为什么卖出如此优质的债券？就是因为犯了"涨了，有恐慌"的人性弱点错误。因为涨了，赚钱了，就总想落袋为安、获利了结。这完全是人性弱点驱动下的操作行为，而不是按照投资体系来做的理性决策。

一致预期就是你内心的预期

"别人恐惧时贪婪，别人贪婪时恐惧"，凡是做投资的都知道巴菲特的这句至理名言，但你怎么就知道你处的当下就是最贪婪或最疯狂的时刻呢？我们有多少人、多少次都是因为这句话被震下车的？这就是所谓的一致预期问题：当市场出现一致预期时，它往往都是错的。这个道理我们都知道，我们也都试图看到市场的一致预期。但是，我们怎么知道大家都是怎么想的呢？难道因为最近市场持续上涨了，卖方报告都看多了，预期就一致了吗？如果我们只是以这个为标准，就做出了卖出离场的决定，往往可能会为这个决定而后悔，因为市场可能还会继续上涨。

不是巴菲特的至理名言错了，而是我们绝大多数人根本做不到全盘考量，而是在人性弱点的驱使下，选择性地放大了自己想要看到的东西，然后就一厢情愿地认为这就是"一致预期"。一致预期其实是我们内心的预期，是因为我们自己恐慌了，就认为整体市场都在疯狂；是因为我们自己疯狂了，就认为整个世界都在恐慌。于是，在一波大的趋势性牛市中，一有回撤，就被震下了车；在一波大的趋势性熊市中，一有反弹，就被骗上了车。这就是"涨了，有恐慌；跌了，有希望"的人性弱点在起作用。

"别人恐惧时贪婪，别人贪婪时恐惧"，很多人正是因为对它的浅层理解，当市场上涨时，就认为市场在疯狂，别人在贪婪，自己应该要理性，于是就产生了恐慌，在上涨的趋势中提前下车；同样，当市场下跌时，就认为市场在恐惧，自己应该贪婪，于是就去抄底，被骗上车。

巴菲特的这句名言不是没有道理，只是这不是水平和道行一般的人能够把握和拿捏住的，因为我们拿不到像巴菲特一样多、一样全的各类市场数据，更不会像巴菲特一样，买入一家公司的股票，就会成为董事，并去全方位地了解这家公司。如果仅依据公开数据，我们很难全面了解市场恐惧或贪婪到了什么程度，是否到了牛熊拐点。我们很难凭自己的感觉或某种现象去判断牛市或熊市的大拐点，我们往往在出现阶段性的疯狂或恐慌之时，提前下车或提前抄底，之后被市场打脸，多次失败后便信心全无，而当真正的拐点到来时，又全然不信。

请不要再说：预期太一致，所以有问题。你以为看到了市场的心跳，但其实你看到的只是自己的内心。

你怎么知道预期都一致了？你不正是站在"一致预期"的对面怀疑吗，你的怀疑不正说明预期没有一致吗！我们不要自我感觉比别人聪明，在这个市场里搏杀的都是聪明人，如果真的完全一致，那就没有交易了，既然有成交、有买卖，那就说明有多有空，预期并没有一致。资本市场本来就是放大人性的市场，绝大多数人正是根据巴菲特的名言，将本来就有的两大人性弱点"涨了，有恐慌""跌了，有希望"给有理有据地放大了。所以，在实际操盘时，一定不要以没有数据支持的个人感觉，来衡量和预测市场，不要说"因为别人都恐慌，所以我看多""因为现在市场的一致预期是看多，所以我要做空"，自认为做了市场"二八现象"中的那个少数派，实际是被人性弱点支配的那个多数派。在市场中，没有一个投资者认为自己是被割韭菜的那群大多数，大家都认为自己是聪明的投资者，所以才参与这个市场，才在这个市场中进进出出，不亦乐乎。

其实，真正聪明的是市场，要让聪明的市场告诉你方向在哪里，而不是自己做预测，不要以为自己可以做预测，可以做领头羊，我们能做一个合格的跟随者就已经很优秀了。让市场告诉我们到了哪个阶段，而不是自己感觉到了哪个阶段。

逆人性弱点

👉 投资中的人性弱点

被套 50% 时死扛，还挺有期待，不愿意承认自己的错误，天天盼望着价格能涨回去，但到了真正开始上涨，开始慢慢解套时，又产生了恐慌，还会说"高处不胜寒，感觉要掉了，先落袋为安吧"。于是，赚了 10% 就止盈下车了。

我们总是对盈利零容忍，而对亏损很放纵。一小赚就跑，一亏就死扛，总是在"入场亏损—持有死扛—解套就跑"的小赚大亏中循环着，能扛到解套还算幸运，很多人都在扛不住大亏时悔恨离场，似乎天生是来给市场送钱的，而不是来赚钱的。为什么会这样？因为我们没有建立自己的投资体系，不知道自己的能力边界在哪里，也就不知道市场涨到什么程度是自己能赚的，跌到什么程度是自己能控制的，完全没有参照物，自然就只能凭着感觉，被人性弱点驱动着操盘。当你被套时，不是客观地将已知的信息带入到自己的投资体系中进行检测，而是根据自己的感觉去交易：涨了，有恐慌，就想平仓；跌了，有希望，就想死扛、抄底，这其实就是被情绪驱动来做交易，完全是靠恐惧和贪婪的感觉来下单，必然就会成为市场里的韭菜。

投资中的人性弱点：

（1）涨了，有恐慌。上涨时，恐惧中充满了贪婪。

（2）跌了，有希望。下跌时，贪婪中充满了恐惧。

结果就是：

（1）持仓的人在下跌被套后很恐惧，惶惶不可终日，但又每天希望着能涨回来，最后就是死猪不怕开水烫，看都不想看了。

空仓或轻仓的人在下跌后很开心，认为自己可以捡便宜了，可以抄底了，满怀信心地大举抄底或补仓，最后就成了前面持仓的人。

（2）上涨赚钱后狂喜，但又怕价格随时下跌，稍有震荡便落袋为安，最后再也没有追回来的勇气，只赚到了一些小钱。

空仓或轻仓的人在上涨后总是下不了手去追，因为觉得已经涨这么多了，还能涨吗？很担心自己买在高点，给别人接盘。即使顺势看多，也是希望在回调一些后再捡便宜入场。但结果可能是，当真正回调的时候，你又担心继续下跌而不敢轻易入场，进而错过上车的机会；或者是回调了，跌到你觉得足够便宜了，可以捡别人的便宜了，勇敢地冲了进去，结果真的做了别人的接盘侠。

那么，应该如何突破人性的弱点，成为少数赚钱的人呢？那就需要反着来：买涨卖跌。但为了防止自己真的做了别人的接盘侠或者提前下车的人，那就要逆人性操作：阴涨时追（逆人性弱点"涨了，有恐慌"）；阴跌时跑（逆人性弱点"跌了，有希望"）；明涨时空（逆人性弱点"涨了，没恐慌"；夏天除外，夏天顺大势不做空）；明跌时多（逆人性弱点"跌了，没希望"；冬天除外，冬天顺大势不做多）。

阴涨，是没有原因和理由的上涨，是最可以持续的，也是人性弱点"涨了，有恐慌"的发酵阶段，人们因为不知道上涨的原因，看不懂，所以不敢追。明涨，是有原因和理由的上涨，而且往往是大涨，这时人们因为都知道了上涨的逻辑，看懂了，所以就没有了阴涨时的恐慌，于是蜂拥而入，市场大涨。因此，如果仅从人性弱点的角度来思考，我们必须逆人性操作：阴涨时，克服"涨了，有恐慌"的人性弱点，勇敢去追；明涨时，克服"涨了，没恐慌"的人性弱点，克制贪婪。阴跌和明跌亦是如何。

如果你对了，市场走势与你的判断一致，但只要投资系统没有给你离场信号，就要管住自己的手，千万不要随意更改你的投资策略，不要犯"对了，赚了，恐慌了"的错误。

如果你错了，市场走势与你的判断不一致，那该怎么办？一是要做好交易计划，在入场前就做好不同的应对预案，不要在市场与自己之间出现反向预期差时措手不及，因为预期差太大而难过自己的心理关。就像时间止损法里讲的，入场前要做好以下计划：

（1）时间止损，未被证明正确，如何应对；

（2）空间止损，被证明错误，如何应对；

（3）加仓或止盈，被证明正确，如何应对。

当然，这些说起来容易，但做起来就太难了，最难过的就是自己的心理关——悔恨。被套了，止损时，你总是回头看前面的价格高点（利率低点），悔恨为什么没在高点卖出；踏空了，去追时，你又总是回头看前面的价格低点（利率高点），悔恨为什么没在低点买入。总是下不了狠心去"剁"，也下不了狠心去追。怕刚"剁"了就涨，刚追了就跌。这个心理关太难过了。如何过这关呢？不要回头看，要看未来、看大势，不要去追求一时的得失，不要去做短线交易，要及时认错、敢于认错。还有一个就是，在做多或做空（买入或卖出）的同时或之前，一定要做好预案：一旦对了，就要管住手，坚持既定策略不动摇；一旦错了，就要按计划好的方案，做好应对。这样才能在遇到不同的情况时，知道要怎么做。如果好坏都在计划之内，你就有心理预期，就不会有太强的悔恨心理，也就会更加从容。

投资中，一切皆有可能，所以，我们不要预测市场，而要在各种可能之下，做好各种可能的应对之策。每一次入场，都是某种意义上的试错。我们不要期待每一次入场都会赚钱，而是在某一个期望值下，让无数次的入场变成一个大概率赚钱的投资系统。

享受泡沫，敬畏恐惧。牛市做多，熊市做空

2017 年，一位知名的有色金属分析师来公司路演，谈到一个词是"享受泡沫"，让我深有感触。他提到，很多人常常在市场疯狂的时候觉得差不多了，就不敢参与了，但往往市场会超出你的想象继续上涨。

确实如此，结合 2014～2016 年的债券投资经历看就再清楚不过了。2014～2016 年是债券市场的大牛市，尽管我在 2014 年初看多并配置了大量城投债，但经过约一年的上涨后，"牛一年、平一年、熊一年"的固有思维让我产生了恐慌，觉得债市在时间和空间上都涨得差不多了，该回调了，于是就抛掉了部分长债。当时确实也赚钱了，但回头看，赚的只是小钱。2015 年上半年，股票牛市如火如荼，股债"跷跷板"效应让债市横盘震荡，6 月股灾后，债券牛市再度开启。到了 2016 年，前三个季度债市依然如火如荼地疯狂着，平日少有成交的 30 年国债竟然炒成了热门交易品种，但我却非常谨慎，完全不敢参与，别人吃肉，自己只敢拿着短券赚点票息喝点汤。为什么会如此谨慎地操作？就是因为"涨了，有恐慌"的人性弱点驱动，总是直观地认为，涨多了跌，跌多了涨。其实，我们要敢于"享受泡沫"，不要涨一点就害怕，赚一点就想跑，这样根本赚不到大钱。

与牛市中"享受泡沫"相对应的,就是熊市中"敬畏恐惧"。为什么要敬畏恐惧?因为在熊市中,你真的不知道还有什么利空会冒出来,即使你认为你已经看到了未来所有可能的利空因素,但是,你唯一看不到、看不清的就是市场的情绪。2016年10月末熊市开启,到2017年4月初时,有不少机构认为,美联储加息、中国跟随提高利率等利空都已经被市场看到,而且经过大幅上行之后,已经完全反映在价格中了,还有什么利空可以让收益率上行呢?没有了,所以收益率到顶了。

当时谁也没有想到4月后央行、银监会、证监会、保监会相继出台了"三三四十"("三违反""三套利""四不当""十乱象")等监管政策。在2016年末至2017年第一季度央行紧货币之后,"三会"开始了强监管,大利空到来,把十年国债收益率从3.3%上推到了3.6%。之后整个第三季度,十年国债收益率都在3.6%上下10bp附近来回震荡。此时,又有很多人认为,美国加息世人皆知,中国跟与不跟都不算什么突发新闻,强监管大家也都看到了,还有什么利空呢?都已经摆到桌面上了,还能怎样?

结果谁也没有想到,这波熊市的第四浪冲击再次来袭,而且是在9月末宣布定向降准这种大利好之后发生的。2017年国庆节后,先是传闻经济基本面向好,所以大跌,但后来传闻被证伪之后依然继续大跌,恐慌情绪蔓延至整个市场。根据以往的经验,债市收益率大幅上行,或者说恐慌式地上行,必然伴随着资金面的持续性暴紧。但是2017年10~11月的那次快速杀跌,资金面只是间歇性紧张,并没有出现2013年或2011年持续暴紧的情形。基本面向好被证伪,资金面无持续性紧张,政策面也无新的强监管措施,那么,到底是什么导致了这次大跌？到底哪一个利空市场之前没有想到？唯一的解释就是恐慌的情绪面，这个最微观、最难量化的因素。

一波大的趋势性行情可以分为：

第一波，修复行情。疯狂或恐慌之后的情绪修复行情。

第二波，需求行情。真正套利倒挂供给（套利需求）推动行情。

第三波，情绪行情。事件刺激的情绪发泄行情。

所以，不要以为自己比市场聪明，不要以为所有的利空你都看到了，总有你想不到的，总有比你聪明的，不要试图做市场的引领者，能够做个合格的跟随者已经很牛了。等牛市信号已经显现、牛市确定已经来临时，你再杀入也不迟。"牛市中做多，熊市中做空"，什么阶段做什么事才是最重要的。

作为买方，每天的工作不是预测市场可能怎么走，而是如何应对市场的走向：熊市中做空，牛市中做多，震荡中观望。就这么简单。

享受泡沫不言顶，敬畏恐惧不言底。

别人抢，跟着抢，别清高

我有个不算好的生活习惯，就是不喜欢去人多的地方，哪儿排队，就不喜欢去哪儿。我甚至把这种生活习惯带到了投资工作中，大家都去抢的时候，我不想跟着去抢，大家不去抢的时候，我就认为机会来了。后来，在生活和市场的磨砺下发现，人民群众的眼睛是雪亮的，不排队的地方，确实不好吃，排队的地方，口味确实很不错。投资同样如此，不要以为你能达到巴菲特的高度，"别人恐惧时贪婪，别人贪婪时恐惧"，很多人不是从中受益，而是从中放大了人性弱点。当市场正在上涨趋势中时，自认为看到了别人贪婪的一面，结果放大了"涨了，有恐慌"的人性弱点，提前下了车；当市场尚在下跌的熊市中时，自认为看到了别人恐惧的一面，结果放大了"跌了，有希望"的人性弱点，提前上车。我们应该制定趋势的标准，在趋势未改变之前，在形态未走坏之前，要尽情地享受泡沫、敬畏恐惧，而不是把自己的人性弱点臆想成市场的一致预期。

2012年，虽然利率已经进入了"秋天"的横盘行情，但信用债依旧如火如荼，一级市场拿券都得靠抢，抢到就是赚到。开始时，承销商还比较规矩，只要投中，就按照票面100元分销给你，但有一次，在我报量中标后，承销商说要以100.2元的价格上市交易，直接就涨了2角钱，还说我可以放弃，因为后面有很多人在抢着要。不想与人争抢的习惯让我放弃了，但上市后不久，就涨到了100.5元以上。自己很后悔，为什么已经投中的要放弃呢？为什么不去享受泡沫呢？

2017年6月初，3个月股份制银行同业存单利率涨到了5%，市场开始疯狂，大家开始抢购，而我却装清高，还说别人太不理性，认为只有在资金紧的时候、快崩溃的时候拿券才是占了便宜，别人抢券是别人太疯狂，自己是聪明人。就在自己冷眼旁观、等待收益率继续向上的过程中，一级市场利率却一路下行：5.0%、4.98%、4.95%、4.90%、4.88%、4.80%。一路看着下行，一路装清高没买，越下行越不爽，还臆想着能回到5.0%。

我们要懂得享受泡沫、顺势而为，尤其是在收益率高位（价格低位），该抢就要抢，不要矜持，不要清高。

有的时候，我们太追求完美了，明明交易系统已经发出了入场信号，收益率已经不错了，还要贪婪地希望能再上一点。结果，收益率不但没能上去，反而一路向下，而自己又开始回头看原来的高点，总想着收益率回来再下手，结果再也没有回来，而自己一直在幻想中，一步错，步步错。这就是太追求完美了，其实没有那个必要，只要是在一个高位区间，买就是了，一定不要想着买在收益率的最高点，那是神操作，不是人操作。

如果想抓右侧的机会，那就一定要把收益率的最高点（价格的最低点）给忘了，最高点只是区别左右的参考点，千万不要把它作为买入点，你不是神仙，你也没那个能力。一定要忘掉它，否则它会成为阻碍你成功的绊脚石，必须要有这个心态。当市场情绪继续极度恐慌，并且又有"黑天鹅"出现时，可能你大概知道收益率拐点要到了。说实话，你也不知道到底什么时候拐，万一要是抄底没抄好抄到半山腰呢？这时你应该兴奋起来，瞪大眼睛，盯着趋势形态改变。当然身处其中，你不知道哪个点是最高点，只是事后回头看，才知道最高点出现在哪儿。但是，从形态上要知道，什么是趋势拐点。在情绪上应该知道，一波行情一般要经历三个阶段，最高点往往出现在情绪面极度恐慌的时候，"黑天鹅"事件会加速恐慌，最后在一些澄清、表态或某些事让市场情绪有所缓和后，收益率一般就会冲高后回落。而回落的时候，可能也正是广大群众看到机会的时候，于是交易量放大，情绪转好。这时，我们就不要谈什么"别人贪婪时恐惧"，而是要抑制住"涨了，有恐慌"的人性弱点，赶紧抢货，这大概率是赚钱的最好机会。千万要把那个神仙才能抓住的收益率最高点给忘了，最高点只是用来告诉你机会来了赶紧去抢的，不是让你用来后悔踏空的。产生预期差，就要及时填满它，而不是让不爽的预期差越来越大。

👆 以毒攻毒：用人性弱点克制人性弱点，止损后反手试盘

人性弱点，除了"涨了，有恐慌""跌了，有希望"这两个在市场中最需要克服的弱点之外，还有两个常见的就是"屁股决定脑袋"和"惯性思维"。屁股决定脑袋，不是看着市场做判断，而是看着仓位臆想，仓位决定了多空观点：持仓就看多，空仓就看空。惯性思维，是经验主义害死人，上次发生过的事件，就认为下次还会发生，这是一种线性外推。

我们常说，屁股决定脑袋，也就是仓位决定了多空看法。一旦你的仓位是空仓，你的思想就会变得不客观，在无意间就会主动收集有利于你的市场信息，屏蔽利多、放大利空。一个人是这样，一群人也是这样。我们把市场整体当成一个有思想和人性弱点的人，当多头仓位占主导时，整个市场都会放大利多、屏蔽利空。

当我们卖出做空的操作被证明错误时，"屁股决定脑袋"和"惯性思维"的人性弱点会驱使我们沿着原来的做空思路，继续放大利空、屏蔽利多。虽然形式上止损了，但我们的内心还是不愿承认错误，还会继续捕捉市场的利空消息，找理由来做空，然后再止损、再做空。这不是真正的止损，只是把大的亏损碎片化了而已。最后我们会在懊悔中失去信心，要么死扛到底，要么倒在黎明之前。

这种不承认错误、不止损后反手的惯性思维，只是把亏损碎片化了。止损的目的是承认错误，承认错误的目的是改正错误，改正错误的手段就是"反手试盘"。是"思维惯性"的人性弱点，导致了我们不能及时承认错误，而"屁股决定脑袋"的人性弱点可以改

变"思维惯性"的弱点,方式就是"反手试盘"。既然原来的操作方向被市场证明是错误的,我们必须按照交易原则和计划止损,那么在止损后,何不立马反手试盘呢?一反手试盘,"屁股决定脑袋"的人性弱点就会发挥作用,就会扭转原来的"思维惯性"。原来是一根筋地看空,在反手之后,思维就会逆转。

克服思维惯性的关键点和难点就是"反手",手是被脑控制的,思维转不过来,手就很难反过来,所以就要制定一个强制性的原则:止损后立刻反手。在这个原则下,手要比脑快,不要让人性弱点控制我们的脑和手。止损后反手越慢、越拖延,人性弱点就越发挥作用,我们就越难改正错误。当然,我们也不必非黑即白,可以选择先止损离场,定定神,等待下次入场信号的到来,但必须要有"止损后反手试盘"的心理准备或计划。

1. 趋势性上涨中被震下车

"涨了,有恐慌"的人性弱点会让踏空者更踏空,让持仓者早下车。它会驱使你在趋势性上涨时,一个小震荡就逆大势顺小势地卖出做空提前下车;然后,"屁股决定脑袋""惯性思维"的人性弱点又驱使你无法及时承认错误、勇敢地反手去追,只会望着卖出价,在懊悔中一步错,步步错,步步都踏空。

正确的做法应该是,一旦发现下错了车,即卖出做空未被证明正确,甚至已经被证明错误,就应该立刻止损反手做多,再买回来,忘记卖出价立刻去追,手比脑快,不让人性弱点在脑子里发酵。

就像我们坐车去一个地方,这个目的地也是列车的终点站(市场拐点),到达终点站后,列车掉头往回开,原乘客下车,新乘客上车。如果我们事先知道终点站的站名是什么(市场拐点在哪里),我们就不会提前下了。但问题是，我们事先并不知道终点站到底在哪里，只会根据历史数据和事件来总结模拟出拐点的情景，再根据自己理解的终点情景来判断是否终点站到了、该下车了。

在列车奔驰前进时，虽然很多人会认为离终点越来越近了，但真正下车的人并不多，因为人们知道"让利润奔跑"这个道理，就像一字涨停的股票的成交量很小一样：一字涨停就说明买盘巨大，明天可能还要继续涨，卖出的人就不多，成交量自然就小了。所以，市场上最大的陷阱不是飞驰中的列车（持续的上涨市场），而是停靠了一个小站（即市场停止上涨）甚至一出站就先掉头行驶一段的列车（市场回调），很多人都会以为列车掉头就是到达终点站的标志，于是纷纷下车，成交量放大，股价下跌。更大的陷阱或许是二次或者三次回调，因为在上次列车停站掉头时没能及时下车，还在后悔中，当列车再次停站时，很多前面没有来得及下车的，会纷纷选择下车，只有那些经验老到、对终点情景模拟清晰的老马识途的高手，才能不被眼前的假象所迷惑，不被震下车。而当人们认识到这只是一个中途小站时，就会更加大胆地在中途上车，于是持仓量、成交量越来越大，"票价"越来越高。

如果你不幸也被震下了车，如何自救呢？首先，你要知道并承认自己错了，然后才能改正错误。当列车停止前进并且开始掉头时，你以为终点站到了，列车要掉头返程了，于是你便欣然下车。在你下车后，有三种情况：一是列车真的调头回去了，你会很高兴；二是列车往回开没多久后，又从你的面前驶过，继续前进了，你会先开心，再怀疑，最后懊悔；三是列车并没有真调头，而是你一下车，列车就继续往前开了，你会直接懊悔。第一种情况最好，但很少发生，大多数是后两种让人懊悔的情形。当列车往回开没多久又开始迎面向你驶来时，虽然你可以以更便宜一点的票价再次上车，但你的心情已经由开心变为怀疑或者不爽，除非在下车时你就已经知道这只是一个短暂的回程，先下再上已经在你的计划之内了。你可以让心情为你的旅程（仓位）服务，一旦发现心情不好，就代表你的操作未被证明正确（时间止损），这时就应该赶紧再上车，而不必非要等到列车驶过你面前（价格涨至卖出价之上）证明你已经错误（空间止损）时，才考虑再回到车上，这时你的心情已经从不爽演变成了懊悔，"屁股决定脑袋"的人性弱点会阻止你再次上车，并让你更加懊恼。正确的做法是：手比脑快，无情反手，截断人性。第一步，在未被证明正确时（时间止损）反手上车；如果没能做到，就第二步，在被证明错误时（空间止损）反手上车；如果人性弱点导致你没上去车，那就第三步，忘记下车点（卖出价），赶紧追，无脑无情先上车。如果第三步还没上去车，那就只有失败了。以上三步，无论哪一步，都是逆人性的，只有做到"手比脑快"，才能把人性弱点遏制在萌芽中。

2. 趋势性下跌中提前上车

"跌了，有希望"的人性弱点让持仓者死扛不下车，让空仓者跃跃欲试想上车。它会驱使你在一个小回暖中，逆大势顺小势地被骗上车，让你以为下跌结束、拐点出现，可以抄底了。但入场后并未如预期中上涨，而是开始横盘震荡，很久都未被证明正确，甚至很快就被证明错误，但是"屁股决定脑袋"的人性弱点会让你屏蔽利空、放大利多，开始臆想："这只是暂时的调整，哪能一买就赚呢！过几天就回来了。"或者你在止损原则下，也去执行止损了，但又在"思维惯性"的驱使下，只是做了止损的动作，而在思想上并没有真正承认错误，还是在多头的思维中打转，在"做多，止损，再做多，再止损"的恶性思维惯性循环中，止损只是把亏损碎片化了而已，并没有从思想上真正认错并改正。

正确的做法是，一旦逆大势上错车，乘坐了反方向的车，第一步赶紧先下车，第二步上反方向的车，这样才能真正到达你想要去的终点站。

为什么"买"比"卖"更纠结

为什么入场比出场更纠结和痛苦？为什么买的时候小心翼翼地少量买，而卖的时候却胆大妄为地大量卖？为什么会这样？

入场时，面对的是未来的不确定性，很怕打脸，带着恐惧的心理寻找机会，尤其是在右侧追的时候，本来就是"涨了，有恐慌"，自然不敢追高，担心左右打脸。

出场时，面对的是未来的确定性，要么是绝望止损出局，要么是带着愉悦的心情获利了结，反正卖的时候是赚钱的，以一种胜利者的心态出场。

所以，入场时很纠结，出场时很干脆。

具体来看：

（1）为什么买的时候缩手缩脚，不敢大量买入？因为：①怕一买就被套打脸；②总是回头看，后悔没有买在前面的价格低点；③做希望交易，总是想着市场回调些再买入。最终一步步错失买入机会。

但其实，当你看到一个利好新闻，如降准降息时，也会疯狂地、大胆地买入。因为当你看到这个新闻时，一个美好的场景会浮现在你的眼前，按照之前的经验或正常的思维去线性外推，这个利好消息会带来债市大涨（收益率大幅下行）。所以，你就敢大胆地买入。

如何避免入场的纠结、犹豫呢？要建立投资体系，明确入场信号。有了买入信号，入场时胆子就会变大，因为有了参照物。信号的作用很强大，信号可以壮胆。另外，不要犯人性错误，不要回头，不做希望交易；靠系统信号做交易，不靠感觉。入场信号发出时，也许你还看不清周围的情况，想不清市场的逻辑，但信号会给你壮胆，就像远方的灯塔一样，你在黑暗的、茫茫的大海上，灯塔会给你方向和希望，你的胆子自然就大了，入场也就更干脆了。

（2）为什么卖的时候胆大妄为，就敢大量卖出呢？因为：①反正赚了，只是赚多赚少的问题；②怕赚到的利润跑掉，想先落袋为安；③自作聪明，想做个小短线，先卖出，待价格下跌（收益率上行）后，再买回来。

赚钱后就敢于卖出，亏钱后就不敢卖出。这两种心态正反映了人性的两大弱点"对了，赚了，有恐慌了""错了，亏了，有希望了"。当你赚了时，内心是有恐慌的，所以，一个震荡就把你吓跑了，卖出时很干脆利落；当你亏了时，内心总是心怀希望，每天想着也许明天能涨回来点，于是止损时就很不甘心，不愿卖出。

如何避免"赚了就想跑，亏了就死扛"呢？建立投资体系，明确出场信号。信号就是灯塔，有了参照物，你心里就有底了，就不用让自己内心的恐惧和盲目的希望指挥你的行动。出场信号发出时，即使你的内心是不爽的，但有了信号，就能更好地克服人性弱点对你的纠缠。当然，再好的系统，再明确的信号，如果不去严格执行，而是让人性弱点支配你的行为，一切都等于零。

👆 牛市中，买入量 > 卖出量；熊市中，卖出量 > 买入量

2020 年 3 月 9 日，债市大涨，但是当天资金面却是收紧的，在"短期看逻辑，中期看资金，长债看政策，核心看利差"的投资策略下，我判断资金面的收紧就是给当时斜率巨大的狂热市场踩了一脚刹车，这是我很担心的。确实，次日长债利率上行了，于是我在 10 日当天卖出了约 20% 的十年国开债。随后的几个交易日，利率的确出现了大幅上行，十年国债收益率从 2.52% 最高上行至 2.74%，之后再度下行；我根据投资策略与原则，确定十年国债收益率上行至 2.70%～2.80% 之间就进入了做多的射程范围，于是大概在 2.72% 的位置，我再度买入了 10% 的利率债。这次波段操作堪称完整，然而，最大的问题在于，卖出做空时，是 20%，而再度买回时，却只有 10%，并没有按照卖出时的量买回。

之前也犯过很多类似的错误，例如 2019 年 6 月时大量卖出做空长端利率债，随后就踏空，直至 7 月才终于承认错误而再度上车，但卖出做空时大概卖了 3 亿元，而再度上车追回来时，却只有 1 亿元，而且几天后又被震下车了，并踏空了 8 月的行情。

卖出时很干脆，但再度反手买回时，却很纠结犹豫，导致即使波段做对了，或者发现自己做错了，在反手时还是"缺斤短两、大打折扣"。为什么会这样呢？

也有相反的例子。2017 年 9 月末，在总理讲话和定向降准的刺激下，第四季度开始大量买入做多长债，当时的胆子也很大。然而，随后马上被套，犹豫纠结，不肯止损下车认错，就这么一直痛

苦地扛到牛市到来。中间很多次想下车，但最终还是没有下。

为什么总是出现这种出手时干脆，反手时却犹豫纠结、大打折扣的情况呢？人的心里是怎么想的呢？

从大的市场来看，熊市中买入会更干脆，被套后卖出止损会更纠结，因为人性弱点"跌了，有希望"在起作用。市场下跌后，看到的是打折价，捡便宜的心理让空仓的总想去抄底，持仓被套的总觉得"已经跌那么多了，不可能再跌了"，最后变成了赌。另外，也怕一止损就反弹，心里总是有"明天就涨回来"的希望，这种希望让人总想买入抄底，而不是尊重趋势、承认错误。让人主动承认错误是逆人性的，而捡便宜货的心理却是顺人性的。故而在熊市中，买入时顺人性，所以很果断，卖出时逆人性，所以很纠结。

另外，牛市中卖出更干脆，踏空后买入上车更纠结，因为人性弱点"涨了，有恐慌"在起作用。市场上涨后，持仓者总担心回调，就总想落袋为安；空仓者则觉得相对低点已经太贵，想等回落后再买入。持仓者不敢进一步加仓，而空仓者无法接受和承认自己的错误，幻想市场回调，不敢上车继续踏空，直至在谩骂中承认自己的错误，上车当了接盘侠。故而在牛市中，买入时逆人性，所以很纠结，卖出时顺人性，所以很果断。

依据以上人性分析，人的行为就会表现为：在牛市中，买入很纠结，所以买入的量少；卖出很果断，所以卖出的量大。

在熊市中，卖出很纠结，所以卖出的量少；买入很果断，所以买入的量大。

所以，在牛市或熊市的整体过程中，市场中多数人采取的是金字塔式的由少到多建仓或清仓的模式。就像开车一样，车越开越快，胆子越来越大。在牛市中，开始时很纠结，建仓速度很慢，而到市场最后疯狂时，反而放开胆子下重仓杀入；而在熊市中，开始时很纠结，清仓速度很慢，而到市场最后黑暗时，反而精神崩溃扛不住全部清仓，发誓不再回来。

那么，正确的策略应该如何呢？一旦确立牛市或熊市到来，要采取"右侧，顺势，金字塔（先大后小）"的建仓或清仓模式。

当然，牛市中孕育熊市，而熊市中孕育牛市。当牛市中出现熊市信号，但又未完全确认熊市时，可以"左侧，逆势，倒金字塔（先小后大）"式地试盘性卖出做空。如果进一步确认了熊市到来，立马以金字塔结构清仓式卖出（如2016年11月、12月）；而如果最后发现是假信号，则必须要等量或加量地把之前卖出做空的仓位反手补回来。

熊市中也一样，如果出现牛市信号，但又未完全确定，可以试盘性买入做多。如果其他信号也进一步确认牛市到来，立马"右侧，顺势，金字塔（先大后小）"式地重仓买入（如2018年3月、4月）；而如果最后发现是假信号，则必须要等量或加量地把之前买入做多的仓位反手卖出清仓。

总结后，可以有以下的操作规则：牛市中卖出属于逆大势，入场、出场时，卖出量小于买入量；熊市中买入属于逆大势，入场、出场时，买入量小于卖出量。

一旦发现机会，并被证明正确，就要在正确的仓位上加仓，而且这种加仓要快，要迅速满足自己的预期差，而不是看到了机会，却因量太少，没有真正赚到大钱。

"起步靠试盘，赚钱靠重仓"，试盘成功，后面就必须把量跟上。当然，最好在试盘之前，就计划好一个产品组合的久期，就像货币基金一样，最长久期 120 天。在 120 天之内，可以根据资金的波动来对久期进行伸缩，一般在季末资金紧张、利率高企的时点，会把组合久期拉到最长，而且在拉满久期之前，要先计划好配置多长期限的资产（债券、NCD、存款、逆回购），每类资产多少量，最后达到多少组合久期的目标，这些都要在交易计划之中，这样才能心中有数、淡定从容。

震荡是趋势中最大的陷阱

人性弱点 + 市场配合 = 增强信心 = 放大弱点

震荡，是人性弱点的放大，是趋势中最大的陷阱。

我们常常会在盘中有这样的冲动：当持有多仓时，市场一涨，就想着"要不先平仓，等跌下去之后再买回来"。尤其是当价格在区间震荡，第一次没有在最好的价位跑掉，市场又给你第二次机会时，就总有这样的冲动。很多时候，并不是我们的观点反转了，其实也想"让利润飞"，但就是控制不住自己，心里总是痒痒，就想做个小波段。

2018 年 11 月下旬，债券牛市中途，一切都安然无恙，我管理的债券基金重仓长久期利率债，业绩全市场排名前 6%。业绩虽好，自己的内心却产生了恐慌。再有一个月就到年末了，这个业绩能不能保持下去呢？市场会不会因为 12 月跨年资金紧张而出现大幅调整呢？这些问题不断地在脑海中浮现。在重新检查完一遍自己的投资系统后，并没有信号显示熊市要到来，所以从大势上看，依然处于牛市之中。但是，我还是很担忧在 12 月出现类似于 2018 年 9 月时那样的中级别调整，如果又因跨季出现调整，那么，自己的优异战绩就将面临回撤，排名也将下降。就在自己左思右想、忐忑不安之时，市场开始出现调整。哇，这不是正好印证了自己的担忧嘛，赶紧下车！于是，在"涨了，有恐慌"与市场下跌的配合下，我卖出了部分长债，降低了整体组合的久期。如果说当市场没有波动时自己还只是担忧和纠结，那么当市场配合时，"正如预期"就让自己非常坚定了，而且越卖越大胆，越卖量越大。然而，被"涨了，有恐慌"的人性弱点所驱动的操作是完全错误的，长债收益率仅回撤了 10bp，就继续下行（价格上涨），12 月收益率不但没有继续上行，反而快速下行。自己踏空了，产品的业绩排名也从前 6% 下滑至年末的前 11%。

现在回想，自己哪来那么大的决心和信心重仓卖出做空呢？是什么给了自己那么大的惯性呢？正是市场的逆向调整放大了人性弱点：人性弱点＋市场配合＝增强信心＝放大弱点。

实战中常常出现的这一类错误，具体可以分以下几个情景：

（1）情景一："涨了，赚了，有恐慌"。

市场价格上涨时，人会犯"涨了，赚了，有恐慌"的人性弱点错误，心里有卖出落袋为安的冲动，但也不会马上卖出，或许还想着"让利润飞"这句市场名言。然而，一旦市场出现调整，一天或许不以为然，两天就会引起关注，三天估计就心动了。因为市场印证了这种恐慌，拐点来了，自己的判断或担忧完全正确，赶紧跑。

如果后面市场停止调整，可能还会制止进一步的卖出，而如果市场继续调整，卖出操作的信心会加强，胆子会更大，卖出的量就会加大，节奏就会加速，尤其是仓位有浮盈时，会更坚决坚定和不计成本地卖出，反正都赚钱，只是多少的问题。总之，"涨了，赚了，有恐慌"，一震（跌）就会跑。

当你看对又做对，收益率趋势性下行（价格上涨）时，你是贪婪的，总希望再下行一些；然而，当市场开始中途调整时，你可能就更容易被震下车，因为你怕到手的利润飞走了。所以，最容易被震下车的时候，不是上涨的时候，而是中途阴跌调整的时候。

（2）情景二：盈亏平衡。

价格继续下跌，尤其是在到了成本线时，很担心被套，大概率也会卖出。

（3）情景三："跌了，亏了，有希望"。

继续下跌被套，反而会有另一种心态："跌了，亏了，有希望"，这个人性弱点导致的操作行为是死扛不卖，总是充满希望地持有。同时，也会因为没有在价格高点卖出，而后悔不已。在回暖调整时，更是充满希望，认为自己没错，市场验证了自己的持仓。当价格真的第一次回到那个高点时，依然还是不卖出，甚至希望扭亏为盈，多赚点；只有在第二次甚至第三次震荡时，才会卖出去。

（4）情景四：崩溃止损。

直到巨亏受不了，情绪崩溃，才止损卖出，而这时可能正是熊牛的拐点了。

预期与市场共振最容易震下车

有一个特别容易被震下车的时候，就是市场与你的预期共振的时候，就特别容易被震下去。当市场与你的预期不一致时，你反而会很固执而不肯放手。

当收益率下行（价格上涨）时，"涨了，有恐慌"的本能会让你担心市场调整，要么你在空仓时害怕买在收益率底部（价格高点），要么你在持仓时害怕拿到手的利润飞走了，这种内心的恐惧和害怕，会让空仓者在等待中失去机会，让持仓者在共振中震荡出局。

先说空仓者，在价格上涨后，因为没有在价格低点（收益率高点）买入，再去追时就有点下不了手。其实也想买，但就是担心买在价格高点，为别人接盘。于是就开始看空市场，不是因为看空而看空，而是因为踏空而看空。正所谓"屁股决定脑袋"，想着在市场调整后再下手，但往往市场不会再给你这个机会，价格会继续上涨，你也会因踏空而更加懊悔。最后或许是在一个利多新闻的刺激下，你终于完全想通过了，下了入场决心，但此时可能大概率真的变成了接盘侠，至少是在阶段性的高位接盘。

再说持仓者，在收益率下行后，在赚钱的同时，产生了恐惧和担心，担心价格哪天突然下跌，自己已经到手的利润就又还给了市场。所以，每天绷着神经，生怕市场下跌。尤其是在上一次的调整中没能及时逃，再来一次哪怕是很小的调整，都有可能被震荡下去。因为上次调整没有离场，本来就很后悔，就想着再回去一些后就跑。如果第一次调整没有跑掉，你会去找各种看多的理由，期待价格再涨回去，而当上涨后，你就会很害怕上次的回撤再次发生，所以你又开始主动收集一些利空的消息，生怕再来一次。你想的是，如果再来一次，一定会吸取上次的教训，赶紧跑路。如果价格真的上涨了，你可能还不是很担心，但凡来一次小震荡，就非常容易被震下去，因为你本来就担心来一次调整，而此时调整真的来了，你以为自己判断对了，自己的判断得到市场的印证，自信心也会很强。

你本来看多，也做多了，但是市场走势却正好与你的方向相反，这时你就不会像上面一样与市场共振了，而是选择与市场对抗，因为你觉得你是对的。让人认错是一件很难的事情，只有在市场一直打你的脸、反复证明你的错误之后，思想才能转变过来。可是，当你真正认错时，市场可能又会反过来再打你的脸。你总是与市场做对。

所以，要想及时认错，但又不被打脸，必须靠交易系统，让交易系统来抑制你的情绪，让你更加理性行事。

阴涨阴跌中的震荡是陷阱，明涨明跌中的突破是陷阱

在市场上涨或下跌趋势中，常常是涨一下、震三下，一步一个台阶地往上涨，下跌也同样是一步一个台阶地往下跌。在趋势性上涨中，回调震荡是市场中最大的陷阱。人们往往拿着一手好牌，在单边上涨过程中还比较享受和自信，一旦开始震荡，就暴露了人性弱点"涨了，有恐慌"，有的在第一次震荡时被震下去，有的在第二次，有的在第三次时就受不了跑了。这正是因为人性弱点"涨了，有恐慌"，回调让恐慌中的人们认为自己的担心得到了市场的验证，更加认为自己的担心和判断是对的，这就让恐慌在上涨后的

震荡中相互印证和自我强化，人们也就容易在上涨后的震荡中犯错。上涨了，恐高的天性让你想卖出落袋为安，上车的人一震就跑，没上的人要么一直不敢上，处于踏空中，要么一震就做空。总之，震荡中多数人眼里看到的不是上车做多的机会，而是恐慌。

其实，另一个极端相反的人性弱点是"涨了，没恐慌"。当一则新闻刺激市场大涨后，人们彻底想通了之前阴涨的逻辑，更加相信上涨还会持续，完全没有了之前的恐慌，转而变得大胆而蜂拥买入，尤其是在突破某一关键位后，更是有技术投资者认为机会来了，便加仓买入。如果说没有明显消息刺激的上涨是"阴涨"，那么这种在消息刺激下的大涨就可以称作"明涨"。

为了规避"阴涨"和"明涨"导致的这两种错误，在人性和技术上，可以按照以下规则进行操作：在人性操作上，"阴涨时追，明涨时跑"；在技术操作上，"区块不翻越，趋势不改变，买卖不逆势"。

为避免被震下车，要耐心等待左侧区块区间的形成，再做下一步的操作。另外，区块不翻越，就代表趋势不改变，操作上就不要逆势而为，做短线和长线都是这个原则。还有，在情绪上，一定要做到逆人性：阴涨时，不恐慌，不回头，要敢追；明涨时，要恐慌，一落地，狠心跑。

如何利用人性弱点来做交易

赚钱的交易往往是痛苦的，而愉快的交易往往不赚钱。投资中，人性有两大弱点：涨了，有恐慌；跌了，有希望。每个投资人都说要克服人性弱点，但都很泛泛。实际操作中，都觉得自己是巴菲特，自己是最聪明的，交易时总会想起"别人恐惧时贪婪，别人贪婪时恐惧"。当市场上涨时，觉得"别人太疯狂、不理性，我应该理性"，于是就卖出了，尤其是当市场出现一个小调整时，就觉得市场印证了自己的看法，就会加速加量卖出，结果往往踏空；当市场下跌时，觉得"别人太恐惧、不理性，我应该理性"，于是就买入了，结果往往抄底抄到半山腰，被套。

每个投资人都觉得自己是聪明的，不然也不会参与这个市场，但结果绝大多数人又都是亏损的。那么，怎么能利用自认为聪明的人性弱点来做投资呢？先避免自己犯人性弱点的错，再追求如何利用人性弱点去赚别人的钱。

1. 如何利用人性弱点，避免自己犯错

系统信号＋害怕或希望＝坚定执行系统信号

建立投资交易系统，交易系统一般都是拿客观的、冷冰冰的历史数据回溯，非常冷静地建立起来的，但它又是反人性的。比如，历史数据显示，上涨突破压力线后，大概率会继续上涨，所以应该买入做多，但你大概率下不了手，因为人性弱点"涨了，有恐慌"。所以，我们可以利用这个弱点，来检验我们是不是逆人性的，如果害怕忐忑，那就对了，如果欣喜若狂，反而要小心一些。

（1）人性：涨了，有恐慌；逆人性：涨了，要疯狂。

1）空仓踏空时，涨了，有恐慌，不敢追。当交易系统发出买入信号时，你的正确动作应该是下单买入，但你心里却犹豫忐忑，回头看，已经上涨了那么多，害怕一买就被套，下不了手。2019年初，股市突破2600点半年线时，我就想着买入可转债，但心里有点害怕，并期待着在大盘回踩半年线后，再杀入，但大盘一直没有回踩，而自己却一步步踏空，就没敢进去。其实这时更应该下手，一是因为交易系统发出了买入信号，二是因为人性弱点让你害怕，而逆向感觉告诉你，应该下手买入。技术信号和逆人性信号都告诉你，应该下手买入了。反而，如果交易系统告诉你买入，而你也欣喜若狂地、怀着喜悦甚至疯狂的心情去追，此时就不一定是最好的机会，这时做多的逻辑你完全想通了，其实别人也想通了，都想通了，都想做多，那要赚谁的钱？你在看技术信号，别人也会看，但并不是每个人都能做到逆人性、敢下手，这才有了少数人逆了人性赚了钱，多数人顺了人性亏了钱。

2）持仓赚钱时，涨了，有恐慌，就想卖。当你做对了，赚钱了，反而会有恐慌的感觉，生怕哪天市场调整吃掉自己已经到手的利润，总想落袋为安。市场不调整还好，一旦市场有回撤，哪怕是一个很小的调整，你都可能被快速震下车，因为你觉得市场走势印证了你的判断，就会迅速撤离。但实际上，应该等待交易系统给你发出卖出信号，而不是靠自己最不靠谱的感觉来做交易，因为市场就是利用你的这种感觉——人性弱点来获利的。

（2）人性：跌了，有希望；逆人性：跌了，要恐慌。

1）空仓抄底时，跌了，有希望，着急买。当市场下跌时，人总想抄底，认为标的更便宜了，跌得差不多了，尤其是当市场有个大利多消息，或者有个小回暖时，你就认为自己"有希望"的判断是正确的，信心就增强了，希望大增，这时你更容易被骗上车。所以，当你只是因为下跌就产生做多的希望，而交易系统没有发出做多信号时，你要逆人性，不要做多。2017年第四季度，我自己就是在定向降准的利多消息刺激下，而不是在交易系统信号的指引下买入做多的。当时自己信心百倍，结果却被套在半山腰，而且一直在做"希望交易"，没有止损，一直在顺着人性的弱点，凭着自己的感觉来持仓。

2）持仓被套时，跌了，有希望，不肯卖。当交易系统发出卖出信号时，你应该坚定卖出，而不是期待价格上涨（收益率下行）之后再卖出。我们要忘掉成本，这样才能更加果断地执行系统信号。可我们毕竟是有记忆的，当市场下跌突破关键支撑线、系统发出卖出信号时，我们往往心有不甘，或者希望着、期待着价格涨回来之后再卖出。这就是人性弱点"跌了，有希望"在发挥作用，当你有价格涨回来再卖出的想法时，就更应该卖出止损了，因为止损让你痛苦，越痛苦，越逆人性，越正确。

当然，目的还是要充分信任交易系统，不以个人的感觉为依据，越是让你害怕的，可能越是真正的机会，因为好机会都是逆人性的。所以，我们在做投资时，要做到无情，不要让恐慌和疯狂的情绪左右我们，要信任交易系统，而不是自己的感觉，并且在实践中形成"无情"的习惯。

2. 如何利用人性弱点，赚别人的钱

涨了，有恐慌；跌了，有希望。

这就是人性弱点。一波大的趋势行情，是由主力资金驱动完成的，它不是由一个或几个人造成的，而是由无数无形的观点和意识造成的。我们分析出主力资金的意图或操作手法，也就把握住了大的趋势。那么，主力资金是如何利用人性弱点来操作的呢？

首先，人们入市就是来赚钱的，要赚钱，就要低买高卖，主力资金也不例外。买入债券或股票后，要有更多的资金持续跟随而来，产生羊群效应，才能把价格拉起来。主力资金买入后，也需要看看是不是有人跟风，把价格往上抬，如果没有，甚至进去后被卖方强大的卖盘给吞噬了，那就说明市场的强大力量暂时不在主力资金这一方。再多资金也不能左右市场本身的强大力量，也必须通过试盘的方式来确认市场的力量在哪个方向上。未被证明正确，就平仓出局；被证明正确，就加仓再加仓。

以上涨的牛市为例，往往在一波牛市中，总会出现几次比较大的回撤，为什么？究其原因，正是人性弱点所致。涨了，有恐慌，总有人在赚点钱后就产生恐慌心理而卖出，有的赚10%就跑，有的赚30%就跑，每个人心里的预期或恐慌程度都不一样，但市场有人进来，有人退出，我们也不知道什么时候反转。只有双方力量发生逆转，恐慌的人越来越多，卖出的力量大于买入的力量时，价格才开始调整。但是，价格下跌后，人性弱点又变成"跌了，有希望"，持仓被套的不肯卖，空仓的要买，这样多空力量将再次达到平衡而止跌，直到多方力量反转，才再次开始上涨，这样就形成了一波波的"波浪"。

对于主力资金来说，在低位建仓买入，如果有人趋之若鹜地跟进，交易量自然就会放大，而如果没有，则会休息等待，市场也会相应地横盘震荡。而就在这个震荡阶段，很多人会因害怕大跌而卖出。这时趋势中的主力资金就会以低价逐渐建仓，收集更多的筹码，筹码就会越来越集中。在刚开始拉升上涨时，跟风的人还不会太多，且在上涨的初期，很多人会犯"涨了，有恐慌"的人性弱点而中途下车。然而，随着价格的上涨，会有越来越多的人加入其中，到了最疯狂的时刻，在利好消息的刺激下，人们入场时已经不再纠结和痛苦，更不会怀疑上涨，因为大家都认为自己已经想清楚了上涨的逻辑，认为上涨还会继续，心怀发财梦想，自愿而欣喜若狂地入市交易。其实，这时可能是主力资金出货退出的最佳时机。所以，你感到痛苦的时候，是能赚钱的时候；而你感到不痛苦，甚至欣喜若狂的时候，反而是危险的时候。

白+黑、传+全、慢+快

阴涨、阴跌最可持续

不是所有波动都有原因，恰恰相反，多数时候市场的涨跌是没有原因的，它们本身就是趋势的重要组成部分。有势，但未必有因。表面上看，市场是混沌的、随机的，但实际上市场服从于某个大趋势，在这个大趋势的通道中，或上涨，或下跌，或横盘蓄势。没有原因的涨跌是最可持续的，当有原因时，恐已是多空出尽之时。

一波阶段性行情一般要经历不明原因的阴涨、消息刺激的明涨这样两个过程。这与一个多空消息的传播过程是同步的，一个消息或多空逻辑总是从小范围传到大范围，直到某一天一个爆炸性的新闻让全市场都知道了，上涨或下跌的逻辑大家也都想通了，做多或做空的力量或已消耗殆尽了，一波阶段性行情也就结束了。当然，这样的过程要以牛市或熊市为大背景。牛市中，没有消息就是好消息；熊市中，没有消息就是坏消息。

阴涨或阴跌时，人总是会很困惑、不解，隐约感觉好像哪不对劲，好像在这背后隐藏着什么大的多空消息不为自己所知。因为你看不清、看不懂，所以就会很纠结而不敢下手操作。阴涨、阴跌就是顺牛、熊大势下的无理由涨跌，其最可持续。很多人这时候会到处打听市场发生了什么，为什么涨，为什么跌。其实，我们不需要完全搞清楚它涨跌的逻辑，每次的逻辑、故事都不一样，一会儿是通胀，一会儿是政策，"黑天鹅"太多，你完全预测不到什么消息会出现，也完全预测不到市场在想什么、选择什么。所以，在牛市或熊市的背景下，顺势而为即可。

熊市中，不明原因的阴跌最可怕，这背后一定隐藏着什么利空不为人所知，而当所有人都看到后，利空才能出尽。当然，牛市中不明原因的上涨也同样可怕，因为你不知道这背后有什么不为人知的大利好，而当所有人都看到这个利好，并明白了多日来连续上涨的真正原因时，利好也就出尽了。

趋势在没有明显反作用的状态下是不会改变的，即使是边际效应递减，也只是"递减"，并不是"逆转"。边际效应递减，只是原有趋势变动幅度的减少，而不是转向，市场逆转需要外部更大的反向阻力。

当价格持续上涨一段时间后，上涨的动力就会减弱，斜率就会变小，这时"涨了，有恐慌"的人性弱点，往往会驱动我们以为市场快要反转了，但其实趋势是有惯性的，在没有明显反作用力的情况下，方向的改变是不容易的，递减不等于逆转。

然而，趋势往往又是在悄无声息中改变的，而不会通过一个大事件改变。在悄无声息中，市场的多空力量发生了转变，但多数人依然还在逻辑惯性中不能自拔。这就是投资的魅力，总是让你琢磨不透。趋势既难改变，又在悄无声息中改变。

我们不要寄希望于某一事件来改变趋势，趋势太难改变了，趋势就是人心，要想通过一件事来改变趋势太难了，必须要有多件事来相互印证，让越来越多的人相信，才能将趋势改变。而且，往往趋势是在悄无声息中改变的，并不是通过一件新闻性的、路人皆知的事件改变的，当路人皆知的时候，已经没有机会了。所以，我们也不可能等到大家都理解和相信了才入场，甚至不能等到自己完全理解后再入场，因为当你完全理解时，其实大多数人也理解了，不要以为自己比别人聪明，获得消息更早，要把自己当成一个普通投资者，不要靠消息操盘。高手与新手的区别不是获得信息的快慢，而是建立体系、执行体系的区别。我们不能因为一个新闻事件就去随波逐流，而是要心有猛虎、细嗅蔷薇。往往改变趋势的是一些不起眼的小事，但从这些小事上，能够看出政策制定者思想态度的转变。

传闻比事实更重要。2017年10月9日，有传言说第三季度GDP增速可能到7%，引发债市踩踏。两天后统计局公布的数据只有6.8%，言论被证伪，但并未改变收益率上行的大趋势。原因在于，人心思跌，传言是被故意放大的，证伪或证实并不重要。

把不好掌握的基本面和货币政策作为虚变量，把容易看到的资金面和债券波动作为实变量，那么，如果虚变量有变动（尤其是传闻），并且有实变量的变动来做实，虚实相互印证，就要高度重视。

在牛熊拐点，往往是有负向边际变化的，但变化并不明显，当很明显的时候，其实已经晚了。当然，并不是所有微妙的变化都会引起市场拐点的出现，只有在根基性的因素发生变化时，拐点才会真正出现。2016 年牛熊转换时，10 月 20 日拐点出现，资金面并不是一下子就紧的，而是从 8 月 22 日央行窗口指导大银行不出隔夜开始的。当时你感觉不到资金面收紧了，但政策的态度却已经发生了改变。所以，我们要特别重视政策的一些小的动作及市场关于央行操作的一些传言，从这些小的动作中可以窥视到政策态度的边际变化。要特别重视央行的动作，如窗口指导、上调公开市场利率、重启央票发行（2013 年）、时隔几年重启正回购或逆回购等，这类信息都是观察央行政策态度的重要窗口。

那么，对债市来说，什么因素出现细微变化，就能对债市产生巨大的或者是根本性的影响呢？那就是资金面这条主线，而这条主线的根本就是货币政策。进一步说就是，基本面是根基，货币政策是主导，资金面是表现，债券波动是结果。

在这四个点中，最好掌握的是资金面和债券波动，因为两者都是可以量化的，而且都是高频数据，每天都可以看到其波动。但是基本面和货币政策就很难及时掌握，即使有数据的变化，也是比较滞后的，你不一定都能掌握或知道，尤其是货币政策的变化。可能当你看到官方说变化时，早已经晚了。这需要我们更多地从资金面和债券波动中倒推，尤其是资金面。所以，我们不能按照一般的逻辑来推，而是要先看资金面的波动，而后再推演货币政策的变化。

"白 + 黑 + 白、慢 + 快 + 慢"

索罗斯说："金融的世界，很多时候就是一场金钱的谎言，最终都是钱玩钱而已，创造一个又一个谎言，让你跟着玩。你要意识到这个谎言，加入其中，然后在谎言被大多数人普遍接受之后，退出。"

人们常常会把自己的亏损归罪于"黑天鹅",说这是完全无法预测的事件,所以我们亏损也就在所难免,况且市场上绝大多数人不也没有幸免于难嘛,我怎么能独善其身呢!其实,"黑天鹅"只是一只"替罪羊"罢了,它只是一波趋势行情中被市场拿来放大的理由而已,它是"白+黑、慢+快"的重要组成部分,它是最后的集中爆发,在此之前,"白日梦"、传言、臆想等都已经让市场缓慢运行了。其实,"黑天鹅"早已酝酿并悄然起飞,只是它的传播需要一个过程,你看到的是它最高光的时刻而已。

一波行情由一个个逻辑、谎言组成,证实或证伪并不重要,重要的是有没有人相信。这个过程可总结为:"白+黑+白、慢+快+慢"。

白:指"白日梦"(市场预期、臆想、传言等)。

黑:指"黑天鹅"(出乎市场预料的事件,市场臆想、担忧的事情变为真正的新闻。超预期,且被市场关注和利用,对收益波动起到加速作用的事件,"有图、有真相"才能称为"黑天鹅")。

白:指"白天鹅"("黑天鹅"变成了"白天鹅",成了世人皆知的新闻)。

慢:指收益率慢上或慢下。

快:指收益率快上或快下。

慢:指收益率慢上或慢下,甚至开始回调。

"白+黑+白"是因,"慢+快+慢"是果。

牛市:利多的白日美梦或市场臆想,促使收益率缓慢下行;而央行的降准降息、基本面出人意料的弱势、债券需求爆炸式增长(如2015年暂停IPO、2013年银监会8号文)等"黑天鹅",促使收益率爆发式快速下行;最后,在"黑天鹅"变成"白天鹅"、传闻变成新闻之后，市场会经历短暂的发酵，收益率下行就会变慢甚至开始上行。

由上述过程，我们就可以得出具体的操作策略：在"白日梦"时买入，在"黑天鹅""白天鹅"时卖出。正如华尔街的谚语：买传闻，卖新闻。

熊市：利空的白日噩梦或谨慎情绪，促使收益率缓慢上行；而央行加息提准、主动收紧货币、基本面出人意料地企稳或好转、债券供给爆炸式增长（如地方债）等"黑天鹅"，促使收益率爆发式快速上行；最后，在"黑天鹅"变成"白天鹅"、传闻变成新闻之后，市场会经历短暂的发酵，收益率上行就会变慢甚至开始下行。

一波行情后，市场就需要新的"白+黑+白"，循环往复地运动下去。如果前期的"黑天鹅"使市场产生了更大更多的"白日梦"，那么，后市还将会沿着原有的方向运动。一个逻辑接着一个逻辑，小浪组成大浪，大浪组成趋势。例如：首次降息或降准之后，一轮完整的"白+黑+白"就会结束，收益率也会经历"慢+快+慢"的过程，但降准不会只有一次，所以就会激发市场对再次降准降息的预期，就会产生新的"白日梦"，进而新的一轮"白+黑+白"就会展开，当然，边际效应会逐渐减弱。如果前期的"黑天鹅"没有使市场进一步做梦，那个梦就此结束，市场下面的走势就需要有新的梦去刺激。如果消息面平静，市场没有新的"白日梦"，那么债市就将横盘振荡以寻找新的方向，直到有新的刺激让市场产生新的"白日梦"。

第一阶段"白日梦"是慢性酝酿阶段，收益率常常莫名其妙地下行（价格上涨），持续时间一般较长，波动较慢，幅度一般较小。

第二阶段"黑天鹅"是爆发快行阶段，收益率在消息刺激下大幅下行（价格上涨），持续时间最短（1～2天），但波动最快，幅度最大。

第三阶段"白天鹅"是衰弱兑现阶段，在利好兑现、没有新的利好刺激下，投资者获利回吐，持续时间一般也较短（2～3天）。"白天鹅"阶段常常会渗透到"黑天鹅"阶段，两个阶段可能高度重合，两者合计持续时间一般为3天左右。这个阶段是最后的疯狂，一般有两种情况：①借着"黑天鹅"继续上冲或下冲，但盘中反向回调，原有方向在盘中被遏制，就会出现带长长的上影线或下影线的K线；②前日还受"黑天鹅"影响而大幅上冲或下冲，但第二日的波幅就已明显收窄，全天仅小幅上行或下行，这也说明原有的方向已被遏制。这两种情况出现后，收益率走向可能随时反转。

对于"黑天鹅"的鉴定，有的时候，已经过去一两天了，回过头来才发现当时那个不起眼的事，竟然对市场的波动起到了关键性的"黑天鹅"作用；而有的事件，你觉得很突然，对市场应该起到很大的推波助澜的作用，但市场却不为之所动，视而不见。对于"黑天鹅"的鉴定，很多时候是拿大涨或大跌的结果倒推，而不是从因推到果。常常是市场大幅波动了，才去找原因，这也未尝不可，这是因和果的一个相互印证的过程。当你无法判断某一新闻是否就是"黑天鹅"时，可以直接从当天收益率的变动中加以确认，如果某一天收益率出现了大幅的上行或下行，并且是因为某一事件刺激而发生的，即事件推动型，那么，这一事件就是让全市场都知道的那只"黑天鹅"。这一波逻辑也将随着"白+黑+白、慢+快+慢"而结束，要么中场休息，等待下一个逻辑来接力，要么反转，受到反方向逻辑的推动。

常与"黑天鹅"相提并论的一个词是"灰犀牛"，其实两者是可以转化的。"白+黑、慢+快"这个过程可以用"灰犀牛"来做个比喻：有一只远处的"灰犀牛"，刚开始它慢慢向你走来，你的心开始有点害怕了，警惕心提高起来了。它走走停停，你的心也忽上忽下，但其实这是最可怕的，因为你不知道它什么时候会一路狂奔向你。而当"灰犀牛"突然发力，加速向你奔来，快要撞到你的时候，你害怕的心一定达到了最顶点，而这时游戏也就结束了。

由此，对"白+黑、慢+快"又有另一个形象的比喻：当老虎发现一只猎物时，它不是直接奔向猎物，而是慢慢地向猎物靠近，在达到足够近的距离后，就突然发力，在最短的时间内奔向猎物，此时气氛最紧张，是捕猎的最高潮，然后就会戛然而止，游戏结束。

缺少"黑天鹅"的趋势，是不完美的趋势

经常会出现这样的情况：当收益率在上行的趋势过程中，上行幅度变小，并有一天出现了小幅下行时，我们就以为市场预期已经打满了，趋势马上要改变了，所以，就转而看多。但是，这样的判断常常是错误的，转天收益率还是继续上行。怎么才能避免这样左右打脸的情况呢？这需要你对市场有一个偏中期的眼光，而不是只局限于一两天的波动。

多数人很想在做事前预测，很想先人一步抢左侧的机会。在收益率持续上行之后，就觉得"应该差不多了""市场预期已经很满了"。可是，你怎么就知道市场预期打满、上行得差不多了呢？这

都是在人性弱点驱动下的主观臆断，并不是市场走势告诉你的。既然趋势已经形成，打破趋势是很不容易的，就需要"黑天鹅"事件来结束这波行情。这跟市场没有明确方向性的区间震荡是不同的，当收益率波动幅度越来越小时，方向可能就快变了。而已经被市场比较广泛接受的、已经形成的趋势，要想改变方向，那必须要有一个"黑天鹅"事件促发收益率的大幅波动。通过这个"黑天鹅"事件，来让所有的市场参与者都相信那个方向的逻辑，也让原有的空方或多方的强大力量有一个集中地爆发和释放，或疯狂，或绝望，之后趋势反而更有可能转向。

市场预期有没有打满是可以通过市场波动看出来的，怎么来看？就是要看有没有出现"黑天鹅"事件，进而引发市场的大幅波动，"黑天鹅"和大波动（同时要放量）两者缺一不可，没有"黑天鹅"就没有大波动，而没有大波动的"黑天鹅"就不是"黑天鹅"。完整的趋势行情，都要经历"白+黑、慢+快"的过程，需要没有原因的阴涨阴跌，也需要有消息刺激的明涨明跌，它们都是趋势中不可或缺的组成部分。没有"快"的"黑天鹅"不是"黑天鹅"；没有"黑天鹅"的"快"是假的"快"。"快"和"黑天鹅"相辅相成，缺一不可。

👉 预期利空非利空，但需事件加确认

预期中的利空不是利空，预期中的利多不是利多，但这些也需要一个加速过程，予以确认和广而告之。

举个例子，2016年12月，债市因美联储加息而暴跌。其实在2016年11月18日美联储主席耶伦表示"很快将加息"后，全市场

就都知道美联储大概率要在12月加息（华尔街预测12月加息概率为94%），这对债券市场来说，完全是"预期中的利空"。本以为市场已经有预期了，当时的市场利率也上行了，但在美联储加息的那一天，2016年12月15日，美联储加息的落地还是带来了意想不到的"黑天鹅"及利率的快速大幅上行。

15日当天的债券市场可谓血雨腥风，当时的盘面情况是：美联储加息、传言四起、资金面紧张，导致国债期货跌停、十年国开债收益率上行20bp、部分基金巨额赎回、货币中介暂停部分私募报价、不做过桥业务、不做代持业务、不做T+O交易。

另一个例子是，2017年3月，在经过2016年11～12月以及2017年1～2月的两波大幅上行后，市场上很多机构觉得还有什么利空呢？美国也加息了，国内货币工具利率也上调了，还能有什么呢？没什么了呀！但事实是4～5月间，"一行三会"出台了大量的监管办法，强监管来袭。

再举个例子，2017年5月到9月末之间，十年国债收益率在3.60%上下10bp的范围内震荡，当时就有人说，美国息也加了，中国利率也跟随了，强监管也来了，还有什么利空呢？不都在预期之中了吗？包括我也这么认为。但事实是，2017年10～11月，十年国债收益率上行40bp，十年国开债收益率上行80bp。当时确实没有太明显的增量利空，只是有传闻说GDP可能到7%，引起了市场对基本面向好的臆想，即使事后数据证伪，也无法阻止利率的趋势性上行。

即使利空因素我们都知道了，但只要没落地，就都是左侧。

由此可见，即使已经有预期，但是毕竟不是百分之百的人都相信，只要有人不相信，利空就没有出尽，就有力量沿着原来的方向去做空，直到传闻变为新闻，一个新闻性的"黑天鹅"事件爆发，引导市场风险集中释放，才能说这波阶段性上行可能快要阶段性结束了。即使这个传闻已经有 90% 以上的人相信，只要还没有落地为事实，就不能说"利空（或利多）出尽"。而且，即使变为新闻了，一波行情也不一定就会立刻结束，进入休整时间，还要看两个条件：①新闻一般要有个发酵过程，要看是否已经充分发酵；②新的传闻（逻辑）是否又起，如果新的传闻不利于原有的方向，那么，原有的趋势可能会改变。还要考虑一种情况，就是根本没有新的传闻，那么，原有的方向也将大概率进入中场休整时间，等待下一个多空逻辑的到来。如果新的传闻有利于原来的方向，原有的趋势就会继续。但是，在多数情况下，即使新的传闻有利于原有的方向，在旧传闻变为新闻之时，市场也是要大概率短暂改变一下方向的，因为在传闻变为新闻、价格向上或向下加快速度之后，价格一般也需要一个技术调整，需要暂时歇息下。当然，在实际操盘中，除非确定新的传闻与原来的方向相反，会改变趋势原有的大方向，否则，技术性的反弹不容易抓，一不小心就错了。这时我们不应该去抢那一小段反弹，而应该"顺大势，逆小势"地操作。

不要以为多数人都知道传闻了，就觉得快到位了，原有的趋势快结束了，就想去反向操作，大错特错，这是你自己的臆想和一厢情愿，并非市场所为，只有相应的新闻出现，且原有方向出现大幅波动予以配合，这两个条件都出现了，市场才可能选择新的方向。

👉"黑天鹅"也需发酵

"黑天鹅"到底该怎么界定？有的非常明显，像 MLF 利率上调、降准等，这些可以说是非常明显的突发性"黑天鹅"，而有些可能就是预期中的"黑天鹅"，具体来讲，可以这样来分类：

（1）突发性的"黑天鹅"。例如：2016年12月，因美联储加息导致的国海"萝卜章"事件。事件发生得比较突然，其爆出来是在2016年12月14日，叠加美联储加息，让其发酵了4个交易日，于2016年12月20日才结束。

再例如：2017年1月24日，央行突然上调MLF利率10bp，2月3日再次上调SLF、OMO利率，除春节之外，该事件发酵了5个交易日，于2016年2月7日才结束。

（2）预期中的"黑天鹅"。例如：因边际效应递减导致的弱"黑天鹅"。2017年3月16日，美联储加息，MLF、SLF利率上调。该类"黑天鹅"对于市场的冲击就会明显较弱，虽然也会带来一定的影响，但是并不是很大，尤其是同类事件在短时间内（1年以内）再次发生，对市场波动的影响将会明显减弱。2017年3月16日，美联储加息和MLF、SLF利率上调，本来其杀伤力是很强的，但是，就是因为同样的事件间隔不足1个月就再次发生，市场已经有预期和准备，所以，还没等到该事件到来，市场就已经在3月10日提前4个交易日达到阶段性高点并开始下行，3月16日的美联储加息和中国央行上调金融市场工具利率并没有给市场带来恐慌，反而利空完全出尽，收益率不上反下。

（3）后知后觉的"黑天鹅"。例如：因监管加强导致的委外赎回"黑天鹅"。2017年4月10日，银监会下发《关于开展银行业"监管套利、空转套利、关联套利"专项治理工作的通知》，然而市场并没有太大反应。而之后一周内，银监会连续出台多份去杠杆的相关文件，4月14日市场才开始有所反应。4月19日时，《证券时报》报道称：有大行资管业务人士反映，近期委外赎回得较厉害。这才引起市场的全面关注，收益率才开始了新的一波大幅度上行。

并不是"黑天鹅"一出来，收益率上行或下行速度就加快，一波行情趋势就能结束，它需要一个充分发酵的过程，有时还需要一个事实或新闻来予以澄清，才能结束，否则，传言导致的恐慌或疯狂还会在市场中继续蔓延。例如：国海"萝卜章"事件最终被"证监会副主席李超20日连夜协调国海与机构共担责任"予以澄清；委外大量赎回被"曹山石爆料：四大行资管负责人昨晚谈委外资金，国有行并没有出现大规模赎回"予以澄清。

对于一些新闻性"黑天鹅"，例如央行加息、提高利率等，其本身是不需要有澄清这个动作的，因为该类"黑天鹅"本身就是一个事实而非传言。所以，这类"黑天鹅"出来，收益率经过大幅上行后，待情绪释放充分，行情随时都有可能结束，并进入中场休息阶段。虽然不需要澄清，但同样需要一个发酵的过程，不过这个过程要比那种因传言而起的"黑天鹅"相对短一些。就像2017年1月24日，央行突然上调MLF利率10bp，2月3日再次上调SLF、OMO利率，除春节之外，该事件发酵了5个交易日，于2016年2月7日才结束。

新闻性"黑天鹅"的特点是短快；传闻性"黑天鹅"的特点是长慢。

让我们再详细地回顾一下2016年末由牛转熊的那段惊心动魄的过程。

2016年10月末11月初，美国、德国、英国等主要西方经济体及中国的国债收益率开始上行，原因就是美联储加息预期增强。2016年11月1日，美联储11月加息概率为16.1%，12月加息概率为69.7%。然而，自10月末开始，收益率经过一个月的上行之后，在11月末12月初时，不少机构认为收益率上行得差不多了，就大量买入债券。我也这样认为，我在2016年12月9日的笔记中写道："今天冷静地思考了一下近期的市场状况，造成本轮调整的利空因素：美联储加息+特朗普当选+美国财政刺激计划+美国国债收益率飙升+美元走强+人民币贬值+国内资金面暴紧并将持续至春节+通胀预期上升+国内基本面好转。这些利空因素似乎已经体现到了目前债券收益之中，因为这些因素已经被市场广泛接受和认可。"可是，你怎么就知道已经完全反映在价格中了呢？其实这只是"跌了－有希望"的人性弱点驱动着自己臆想出来的而已，并没有什么根据。那时收益率确实是大幅上行了，可以说是"黑天鹅起飞"（传言起）了，但是收益率为什么起飞？关注点是什么？就是美联储加息。可是，11月末12月初时加息这件事并没有落地，11月1日的新闻也说得很清楚："美联储11月加息概率为16.1%，12月加息概率为69.7%。"就是12月更可能加息，而这个传闻或预期还没有被证实或证伪，所以，即使收益率回落，那也只是个大坑，千万不可被引诱进去，只有引起收益率大幅上行的"美联储加息"这个预期彻底落地了、确认了，一波上行趋势才更可能结束。就在2016年12月15日，美联储加息落地的当天，国债期货跌停，十年国债收益率大幅上行12bp，十年国开债收益率上行20bp，市场哀鸿遍野。然而，次日收益率便大幅回落，十年国债收益率大幅下行10bp，十年国开债收益率大幅下行11bp。正常来说，始于2016年

10月末的那波利率上行就应该告一段落了，美联储加息预期逐渐加强属于"黑天鹅起飞"，美联储12月15日的加息就是"黑天鹅降落"，这是一个非常完美的组合。

但是，让人没有想到的是，几乎就在美联储加息这只"黑天鹅"落地的同时，另一个"黑天鹅"被引爆而起飞，那就是国海"萝卜章"事件。该事件是2016年12月14日曝光出来的，之后叠加2016年12月15日的美联储加息，使得收益率连续两日大幅上行，也分不清到底是哪个起了主导作用，但从当时市场关注的点来说，15日之前的所有上行都是对美联储加息的反应，国海"萝卜章"事件的高潮应该是在12月19日，因为12月18日（周日）市场传出《国海证券债券违约处理商讨会会议纪要》，"22家机构上门讨说法，国海证券代持事件已经演化成市场的信任危机"。这让12月19日当天的十年国债收益率再次上行了13bp，12月20日情绪略有平复，直到12月21日，澄清性的新闻"证监会副主席李超20日连夜协调国海与机构共担责任"传出后，"萝卜章"这只"黑天鹅"才开始落地，当天收益率势如破竹，十年国债收益率下行15bp，十年国开债收益率下行18.5bp。

12月12日，十年国债160017收益率上行7bp，十年国开债160210收益率上行10bp，交易所发布去杠杆指引。

12月14日，十年国债160017收益率上行5bp，十年国开债160210收益率上行11.5bp，国海传闻四起。

12月15日，十年国债160017收益率上行12bp，十年国开债160210收益率上行20bp，美联储正式加息。

12月16日，十年国债160017收益率下行7bp，十年国开债

160210 收益率下行 11bp，央行开展 3940 亿元 MLF 操作。

12 月 19 日，十年国债 160017 收益率上行 13bp，十年国开债 160210 收益率上行 15bp，22 家机构上门国海讨说法。

12 月 21 日，十年国债 160017 收益率下行 15bp，十年国开债 160210 收益率下行 18.5bp，证监会副主席出面协调国海危机。

👆 传 + 全、慢 + 快

之前总结的"白 + 黑、慢 + 快"，是从传闻与新闻的角度看阶段性行情的。但是，在实际的运用中，常常因身处行情之中，而很难断定某件事情是否就是所谓的"黑天鹅"，很多时候是事后才能看清楚的。有的是突发性的，例如 2016 年的国海"萝卜章"事件。有的是早已发生，后来才被市场注意到的"灰犀牛"，"反射弧"特别长，让你完全无法感知，例如 2017 年的"三三四"强监管，本来是 2017 年 3 月 29 日至 4 月 12 日间陆续公布出台的政策（在此期间，十年国债收益率仅上行了 6bp），但是市场却在 5 月上旬才真正关注，并导致收益率的第二波快速大幅上行。

再来详细地复盘一下 2017 年 3 月末至 5 月中旬的那波 45bp 的大调整。这个过程可以分为两波杀跌，第一波在 3 月末至 4 月末，第二波在 4 月末至 5 月中。先说第一波，那波为什么上，根本原因就是"三三四"，但当时市场其实还没有意识到这个原因，主要的关注点是传言："有大行资管业务人士反映，近期委外赎回得较厉害""委外赎回潮蔓延，波及券商资管和基金，专户不计成本卖债券"。这才使得债市从阴跌转为大跌，直到 4 月 25 日曹山石爆料"四大行资管负责人昨晚谈委外资金，国有行并没有出现大规模赎回"之后，市场情绪开始好转。本以为"白+黑、慢+快"的逻辑成立，一波杀跌就此结束了。但事实证明并没有结束，而是进入第二波杀跌过程。就在市场以为委外赎回澄清并跨过4月末，债市可能好转时，5月份的头3个交易日资金面并未转松，反而更加紧张。这才让市场回过头来开始关注政策上的强监管。之后，即使3个交易日后资金面较松，也依然没有消除市场的担忧，反而使强监管的恐慌得到蔓延，最终推动收益率的第二波快速上行。最后，这波大跌结束时，没有官方的澄清，没有明确的"黑天鹅"，只有收益率的快速上行和全市场对强监管的恐慌。为什么这一整波杀跌行情中，并没有我总结的"白+黑、慢+快"这个过程描述的"黑天鹅"出现来结束行情呢？其实，还有另一种没有"黑天鹅"的"慢+快"组合，那就是"传+全"。

一轮完整的行情一般要经历从"不知道为什么的阴跌或阴涨（慢）"到"全市场都知道原因的大跌或大涨（快）"这样一个过程。而"白+黑"只是这个过程中的一个形式，不能说这个形式是错的，只是说略有缺陷。那么更加通用的一个公式应该是什么呢？就是"慢+快、传+全"。

"传"即传闻，就是：①不是所有人都知道为什么涨跌；②有人信，有人不信；③根本就不知道涨跌的原因，收盘了才去打听为什么。

"全"即全闻，就是全市场都知道的新闻。全市场都已经出现恐慌或疯狂，全市场都已经关注或知道为什么涨跌。而让全市场都知道涨跌原因这件事，也许是某一新闻事件触发的，也许是涨跌本身变成一件新闻事件得到传播。这个新闻并非一定是刚刚发生的事件，也许很早便已经发生，只是以新闻的形式显现在市场面前，目的就是让全市场都关注到、都知道为什么，只有全市场都关注、知道了，一波上行或下行行情才能结束。

另外，还有个问题常常遇到，就是收益率快速上行后，上行速度减缓，甚至开始下行，你就以为"慢+快、传+全"组合结束，就无脑杀入，但其实上行并未真正结束，你可能抄底抄在半山腰，收益率后面还要继续上行。所以，无论是"白+黑、慢+快"还是"传+全、慢+快"，它们都只是判断一波逻辑推动行情的一个过程，我们不能简单地将其作为出入场的依据。对于抢反弹的投资者来说，在一波行情组合结束时，可以选择逆势杀入；而对于一个顺大势者来说，反而要等到短期反弹之后，继续沿着原来的大势去下单。不同的策略会选择不同的入场点，但逻辑推动的运行过程大体是一样的。

熊市中，收益率整体上行，一步一个台阶地往高推，每推一次都会完成一次"慢+快、传+全"的轮回。所以，当收益率慢慢上行的时候，一定不要买入做多，只有"快""全"两条件都成立，才有可能出现反弹，才有技术性短线交易的机会。当然，对于顺势者而言，这样的小行情，放弃更佳，等到牛市信号和形态出现，再大举入场。牛市中，收益率整体下行，一步一个台阶地往下推，每推一次都会完成一次"慢+快、传+全"的轮回。所以，当市场开始臆想要降准、降息或有别的什么利好的时候，就是传闻起来的时候，或者干脆不知道什么原因，就开始莫名其妙地下行，其实那也是利好传闻起来了，只是你自己不知道而已。这个时候可以跟着市场买入，别管它到底什么传闻，是利好就行。而在全闻出来后，就可能出现技术性回调。其实在大牛市中，上了车最好就别折腾，只要熊市的信号和形态未现，好好享受泡沫就好。

当传言起来后，一波阴涨或阴跌开始展开，但不一定非得有一个新闻来刺激，很多时候是一个很不起眼的消息，或是你根本想不到的消息，或者是你已经司空见惯的某个因素。总之，在某一天，收益率一个大上，把市场情绪带入恐慌，待这个恐慌情绪发泄完了，这波调整可能就结束了。

一轮调整的结束，很多时候以盘中或全天大涨（或大跌）这个结果，来让全市场都疯狂（或恐慌）起来，以此做到让全市场都知道。没有大涨，全市场就不会在意，也不会关注发生了什么。反而很多时候全市场都知道的大新闻，不一定能让市场大涨，因为它与当时的市场趋势或氛围不匹配，市场并没有选择它。

促使利率大涨或大跌的，不一定就是新闻，也有可能是传闻，还有可能什么都没有。我们不用管是以什么推动了市场大涨大跌，但结果一定是全市场都知道、关注，并且疯狂或恐惧。这时就离阶段性调整的结束不远了。但依然不能主观去判断调整要结束，而要等市场真正再次开始阴下，来告诉我们是否结束。所见即所得，未见则不为。

另外，要注意一点，"传+全"后，只能说是一个逻辑推动的一波行情结束了，但并不一定是大趋势要反转了，还要看当时的市场大背景。如果是趋势性的熊市，那么，一波"传+全"组合结束后，还会有新的组合来接力。这时我们最好的策略，不是去抢一个小反弹，而应该是利用技术性的回调，"顺大势，逆小势"地沿着原来的大趋势来操作，熊市中就做空，牛市中就做多。如果是"秋天"的横盘震荡，则更可能出现中级拐点。

传闻比事实更重要

传闻告诉你何时出手,全闻告诉你何时收手。

2018年8月7日,市场传言央行正回购,8月8日又传央行窗口指导隔夜资金,此后,债市出现2个月的大幅调整,十年国债收益率上行25bp。

2017年10月初开始调整,本以为9月末央行宣布定向降准后,收益率会下行,却莫名其妙地阴上了一周。然后在2017年10月16日,传闻称第三季度GDP增长可能到7%,债市因此大跌。三天后,国家统计局正式宣布第三季度GDP增长为6.8%。这证伪了7%的预期。但是,市场并没有因为证伪而涨回来,而是继续趋势性下跌。

既然是传闻,那就一定是由小及大地传播的。按常理来说,流言止于智者,既然一个小传闻能在市场中传播开,并且已经真实地影响到了市场的价格走势,那么,这个传闻就有其逻辑和合理性,因为它让越来越多的人相信了,让市场选择并放大了它。既然已经传播开,就说明是"智者"(市场)故意传播,因为这是"智者"本来就想要的东西,那就必须要利用和放大它。至于这个传闻到底是真是假根本不重要,重要的是传闻本身是否有利于趋势的运行,有利,则拿来选择传播,不利,则屏蔽抛弃。

所以,传闻比新闻更重要,传闻被证实或证伪并不重要。证实了,利多或利空出尽;证伪了,也改变不了原有的趋势方向,市场会不闻不问,选择性失聪。这就是趋势的力量。趋势,不是被传闻推动的,而是被人心推动的。趋势(人心)起来后,传闻是被利用和放大的,而且往往在拐点出现后才会出现。所以,传闻的真伪并不重要,重要的是市场放大传闻,就是在告诉你这里是趋势,趋势已经形成,而不是一个简单的小波动。

有三成把握就去做

再次引用金融大鳄索罗斯那段名言:"金融的世界,很多时候就是一场金钱的谎言,最终都是钱玩钱而已,创造一个又一个谎言,让你跟着玩。你要意识到这个谎言,加入其中,然后在谎言被大多数人普遍接受之后,退出。"

无论多么重要的内幕消息,只有你知道是没有价值的,只有扩散了才有价值。也许你无法获得内幕消息,但你可以知道市场在想什么、涨跌背后的逻辑和原因是什么。你不用去追究哪方正确、哪方错误,因为任何一则消息都会被解读为正反两面,你需要辨别的是哪个逻辑或谎言能够持续传播并被人们相信。当参与一波行情时,不要相信故事本身,要去想其他人会不会也相信这个故事,当所有人都相信了,你就该撤了。

无论是大的周期性战略式波动,还是小的战术式波动,一波价格上涨趋势都会经历三个阶段:

(1) 酝酿期,醒悟者仅 10% ~ 20%。开始时,刚现一丝曙光,市场上多数人还延续之前的惯性思维,还很迟疑,并不相信上涨行情的出现,涨一点就卖。所以,上涨行情开始时价格就表现为缓慢震荡向上(或者收益率震荡向下),价格波动的斜率小。

醒悟的概率为 10% ~ 20%。

(2) 爆发期,醒悟者过半。市场上一半以上的人意识到上涨行情真的来了，就会开始大量买入。这时市场就表现为快速、急速甚至是垂直拉升（或者收益率快速下行），价格波动的斜率大。

这属于市场上多数人都能意识到的大概率事件，醒悟的概率大于50%。

（3）收尾期，几乎天下皆知。当人们看到赚钱效应，但又左顾右盼，犹豫是否要买入或加仓之时，某一重大利好新闻或事件发生，使市场上几乎所有人都明白并确认赚钱机会来了，市场开始进入最后的疯狂。你自己可能也才完全理解和明白了上涨的原因。但是，这时市场波动的斜率反而变小了，似乎有些涨不动了。为什么？因为聪明者知道这是最后的疯狂，是寻找接盘侠的好时机。"韭菜"都知道为什么上涨了，那还不赶紧卖，把果实收割了落袋为安！

醒悟的概率大于90%。

从上面三个阶段我们可以看出，当你把一个问题完全看清楚、想明白时，机会也就没有了。这正是巴菲特所讲的：别人恐惧时贪婪，别人贪婪时恐惧。这是逆向思维，但我们也要顺势而为。两者看似矛盾，实则相辅相成。为什么？逆向思维更多体现在上述三个阶段中的第一和第三个阶段，它们分别对应了市场趋势由熊转牛和由牛转熊的两个阶段，在这两个转折阶段，就需要用逆向思维来考虑问题，以免自己卖在最低点或做最后的接盘侠。而顺势而为则体现在上述第二个阶段，即人们常说的"鱼肚"行情。如果你没有买在最低点，也不要懊悔，因为你在少赚些许收益的同时，也把部分风险留给了别人。但是，一旦你确定那个逻辑或谎言正在被更多的市场参与者相信，趋势已形成，就要勇敢地追上去。这就是顺势而为。

例如：2013年末到2014年初这个阶段就属于牛市的酝酿期；2014年4月的定向降准，让半数以上的投资者相信牛市的到来，这是牛市的爆发期；到2016年，经济基本面低迷已是市场共识，在央行多次降准降息后，资金面异常宽松，也让几乎所有投资者都相信债券牛市还在途中，但实际上那已经是牛市的收尾期。

机会总是会经历四个阶段：看不见，看不懂，看不起，来不及。投资一样如此，机会往往在看不懂中起航。

"看不见"是熊尾。当你看不见时，错过就错过吧，因为那是神才能做到的。熊市的尾声，往往是最黑暗、最恐慌的时刻，我们不是神，也没有那么独到的眼光。不测底，不抄底。

"看不懂"是牛头。趋势已现，阴涨已经开始，你也看见了，却并不理解为什么。或许你还在熊市的悲痛惯性中，没有转过弯来，或许有太多的杂音干扰，无法让你清醒，所以你迷茫、不解、看不懂，甚至在踏空后谩骂市场怎么了。你看不懂这个市场，但趋势雏形确实已经展露，阴涨还在一点点地继续着。

"看不起"是牛身。市场上越来越多的人看到了机会，并开始尝试着进行操作，已经产生了收益，但有时也会有回撤，这时如果进入也是不错的时机，也许不是在价格的最低点入场的，但能抓住大部分的牛市行情也不错。但是，这时如果你看不起这一点点的收益，或者害怕承担哪怕一点点的风险，也就只能错过所有的机会了。

"来不及"是牛尾。当全市场都看到赚钱的机会到来之时，你已经来不及了，这时的市场已经是牛市的尾巴，是先知和勇者吃完肉剩下的汤，这时入场更有可能成为最后的接盘侠。

在实际操作中我们到底应该如何抉择呢？对于一波行情，不要等到完全看清楚的时候才出手，只要有 30% 的把握就要勇敢地冲进去。反之亦然，当我们看到 30% 的风险，就要先出来，等等看，哪怕少赚一些，也不要让风险在自己手中聚集。如果发现自己的判断出错，更要及时调整，不要心存幻想，该追就追，该刹就刹。30%，就是机会或风险处于酝酿期和爆发期之间的适中水平，太早容易成为烈士，太晚容易失去机会。那么这个 30% 怎么来把握呢？首先，一定是在直接影响价格波动的新闻或事件曝光出来之前，因为当一个逻辑、传言或谎言变成新闻时，该逻辑就已经失去了价值；其次，就是已经了解到一些间接的影响因素来佐证机会或提示风险，出现了机会或风险的苗头，尤其是在第一和第三个阶段；最后，就是知彼，要知道别人怎么想、市场在想什么，然后反过来衡量一下自己判断的概率。当然，这都是从逻辑上考虑的定性方式，因为是定性，所以更多的时候是靠一种感觉。只要靠感觉，就可能被人性弱点所驱动。因此，要有靠谱的定量的趋势判断方法。

其实，我们的交易决策，越不需要理由，获利就越大、越容易。你每多知道一点，就会多付出一点代价。当你知道全部的真相、想清楚所有逻辑时，真相和逻辑就没有了任何意义和价值。某位企业家曾讲："三分把握就去做。想、调整和做基本上同步进行，不要多谋少决。"有想法马上做，发现不对马上改。真正的高手是行为高手，而非头脑高手。

不要在新闻出来时，与市场同向操作

👉 传闻起买入，新闻起卖出

传闻阴涨时不买，新闻暴涨时却大举疯狂杀入。自以为想通了上涨的逻辑，实则是市场的套路。你不想通，怎么疯狂？你不疯狂，少数人怎么获利？这就是典型的散户节奏，大错特错。正确的操作应该是：买传闻，卖新闻。道理似乎谁都明白，但执行时却又被人性弱点支配。

"白＋黑、传＋全"，目的就是要认清楚，做到传闻（阴涨）起买入，新闻（明涨）起卖出。然而，更多人却做了相反的操作，传闻起时总回头不敢买，新闻起时蜂拥而入大胆买。如果快速上涨是因为新闻刺激，那么，此时的情绪一定是疯狂的，交易一定是拥挤的，价格也一定会因为情绪而偏离其应有的价值趋势。我们要在（市场）犹豫中坚定，在（市场）坚定中犹豫。

所以，不要在新闻出来时，与市场同向操作。要抑制住自己的情绪，管住自己的手，等待情绪发泄完之后，市场恢复平静之时，再做决断。不是说快涨就不追，而是说被新闻刺激的快涨不要追。

不要在新闻出来时，与市场同向操作，而要在传闻出来时，与市场同向。

追阴涨，不追明涨。

👉 "黑天鹅"是用来砸坑的

"黑天鹅"是用来砸坑的，不是用来逆转市场的。它只是在大势下，让原有的趋势加速了，加速后，自然要回调休整，之后，再次聚集能量沿着原来的大趋势，继续前进。

所以，我们不要在新闻出来时，在"黑天鹅"爆发时，与市场同向操作，因为那可能是个坑，同向操作就是自己往坑里跳。当然，我们也不要以为，砸完坑之后回调，就是趋势的反转。其实"黑天鹅"改变了不趋势，更像是"仙人指路"，告诉了我们方向，但又因为短期内加速了趋势，所以需要暂时休息。尽管如此，我们也还是不要随着新闻的刺激往坑里跳，没必要忍受那份暂时的煎熬，我们要控制住情绪，避免与市场一同蜂拥而入。我们享受的是趋势的泡沫，不是"黑天鹅"的疯狂，我们要懂得"顺大势，逆小势"。在顺大势的前提下，在趋势因"黑天鹅"加速后，必然会有一个技术性休整回调，我们就是要利用这个回调填坑的机会，"逆小势"入场。

2018年4月17日晚，央行宣布降准1%，第二天债市疯狂地砸出了一个大坑，十年国债收益率最大下行18bp，十年国开债收益率最大下行25bp。然而，喧嚣之后，债市出现了1个月的调整，十年国债收益率上行25bp，十年国开债收益率上行28bp。但是，回调虽然出现了，却依旧不改利率下行的大趋势。在这次市场波动的过程中，如果我们4月18日在央行降准的刺激下，与市场一起疯狂入场，那就无法避免后市的调整而被套，直至当年7月利率回到之前的水平才能真正解套。而如果我们不与市场一起疯狂，而是等待市场砸坑后的回调，情况就会好很多。当然，这是比较细的操作，如果你是大资金，看大势，其实这些大势中的坑可以忽略，直接顺大势入场也无妨。

👉 下落的刀子不要接

2015年第一季度，债市调整，刚阴跌了两三天，我就冲了进去，结果收益率继续上行，自己被套。后来在一个利空消息的刺激下，收益率加快上行了大概两天，而我就在加速上行后的第二天，吓得卖出跑掉了，但卖出后次日收益率就开始了一波趋势性下行。追悔莫及，正是这次失败的教训，我总结出"下落的刀子不要接"。回头看，当时的市场环境依然处于牛市之中，即使当时的判断是可能已经进入了"秋季"的震荡行情，但只要行情不是熊市，刀子落地后，就能买入做多。毕竟大势是好的，刀子大落后，反而是做多的好机会。

下落的刀子不要接。那什么时候接？落地的时候接！关键是：①什么算是下落的刀子？②什么时候算是落地了？没有理由或消息的阴跌，就是正在下落中的刀子，不能接；有利空消息刺激后的大跌，是加速下落且快要落地的刀子，也不能接。在放大的利空消息传遍全市场、市场经过两三天的大跌之后，出现了一两根"十字星"K线，跌幅明显变小并企稳时，"传+全"的组合才算是完成了，刀子才算是落地了。当然，这也只是暂时的落地，在大趋势的"引力"下，反弹之后，还有可能继续下跌，它或许是熊市中的超跌反弹，或许是牛市的重新起航。如果做短线，可以小赌怡情，而如果做中长线，还是要看大趋势。

当某一天突破多空的新闻出来、市场快速下行或上行时，不能与市场同向操作，会非常容易被市场放大的极端情绪所带动，进而卖在收益高点，买在收益低点。即使突破了技术点位，买卖下单信号成立，也不要跟着市场最恐慌和疯狂的情绪一起走，要待情绪平静后，甚至临近尾盘时（假如下单信号依然成立），再做操作也不迟。这就是下落的刀子不要接，除非是在刚刚开始下落时（即风险或机会刚刚开始显露，还没有全市场扩散），下意识地第一时间赶紧去接（这个难度太大，在没有得到市场验证前，贸然行动，风险更大，因为有可能是你一厢情愿），如果已经开始下落，就不要去接了，等待波动稳定后，出现一两根"十字星"K线，再根据交易信号，去执行交易计划。

👉 刀子落地 = 新闻 + 大涨或大跌 + 放量 = 疯狂或恐慌

"下落的刀子不要接"，而下落触底之后的刀子是可以接一下的，但刀子何时触底呢？有什么信号让我们知道已经触底了呢？试想一下刀子从下落到触底的过程，下落时，只能看到刀子往下落，却听不到明显的声音，只有当刀子触底时，才能听到落地的声音，而听到的声音就是刀子落地的信号。那么，市场的下跌何时触底呢？在一波市场下跌过程中，往往先是没有明确原因的阴跌，就像刀子在空气中划过听不到声音一样。而当市场出现有消息刺激的明跌时，我们可以把"有消息的刺激 + 恐慌情绪的放大 + 成交量的放大"作为下跌落地的"声音"和信号。

2018年11月13日，当天因为社融数据太差，收益率大幅下行，但是成交量并未明显放大，说明跟的人不多，市场还是表现出"涨了，有恐慌"的人性弱点。次一交易日，11月14日，收益率虽然开盘还是明显下行，但是不久又回升，几乎抹平了下行幅度，这其实宣布前一日的利好消息已经消化完毕，从此以后的行情与其已无关系。当日午后收益率再度下行，后面下行的原因就不太明确了，这就属于阴下，且十年国开债收益率突破了重要的大区块区间阻力位 4.0%，这时就能够去追、去加仓。其实并不太好去辨别是直接新闻刺激，还是间接新闻刺激，这就必须拿交易量去佐证，如果交易量不放大，说明虽然价格大涨了，但是跟随者并不多，市场表现出来的还是"涨了，有恐慌"，只有"新闻+大涨+放量"三者同时发生，才表示人性在上涨时已经变疯狂，即由人性正常的弱点"涨了，有恐慌"，转变成"涨了，有希望"。好的投资策略都是逆人性的投资策略，当人性表现出"涨了，有恐慌"而不敢追时，我们要敢下手去追，当人性表现出疯狂的"涨了，有希望"时，我们就要谨慎了。

"量价齐升"

"量价齐升"是短期的拐点、长期的方向

在一波"白+黑、传+全、慢+快"行情中，我们除了关注市场逻辑和涨跌的斜率外，还需要关注一个重要的点，就是成交量。"量"在股市中是一个非常重要的指标，人们常说"地量地价，天量天价"，那么，在"地量"和"天量"之间，就是价格的趋势。

当一个利好传闻逐渐在市场中扩散时，价格缓慢阴涨，交易量缓慢增加，直到某一天出现一个大利好消息，刺激价格脉冲式大涨，让传闻变成全闻，成交量也急速放大，至此，一波"传+全"组合完成。当然，如果在消息刺激后，交易量并没有明显放大，那

就说明卖家惜售，这波行情的能量还没完全释放，上涨还将继续。同样，当一个利空传闻逐渐在市场中扩散时，价格缓慢阴跌，交易量"地量"前行，直到某一天出现一个大利空消息，价格大跌。如果交易量放大，那就说明多头在这个价格上也非常认可，否则成交量就不会明显增加，而如果交易进一步缩量，那就说明，即使价格进一步下跌了（收益率进一步上行），多头依然谨慎，对这个价格仍然不能接受，这也说明价格大概率还要继续下跌。

一波"传+全"行情，就是交易量由小放大的过程。交易量小，说明市场多空分歧大，互相不让价，而交易量大，说明多空双方在某一个阶段，对价格都非常认可，多空能量也将集中释放。此后，必然要做休整，重新聚集能量。可归纳为：能量聚集—能量释放—中场休息—能量再聚集—再释放—再休息。

这个过程在季节性配置较强的银行同业存单上表现得特别明显。一般情况下，跨季之时，银行发行的同业存单的量会加大，而货币基金等中短期固收产品所配置的资产，也会有集中到期再配置。所以，3月、6月、9月、12月这四个季末月份是银行同业存单供给和需求重要的博弈窗口。临近跨季前一个月，双方就开始进入博弈状态。作为发行方的银行，希望利率越低越好，而需求方的固收类产品，则希望利率越高越好。在博弈的开始阶段，银行都会一点点地提高利率，如果没有需要，就会再提高一些，直到买方认为满意为止，突然有一天发行量会急剧放大。这说明多空双方在当时均认可了这一价格，由于银行肯定希望利率越低越好，所以，一般在发行放量的次日会调低发行利率。如果需求方依旧认可调低利率（涨价）后的价格，发行量就会继续放大，而趋势也大概率还要继续；但是，如果需求方不认可调低利率后的价格，发行量就会立马缩量，而发行方大概率在后市会将利率再次调高。

所以，做短债要非常关注成交量这个指标，只有量价齐升，收益率才会大概率达到高点。当收益率缓慢上行时，我们不要觉得"已经上行这么多了，不可能再上行了"，不要以自己的感觉来评判顶部在哪里，而要以量化的信号，这个信号就是能够表示市场投资情绪和热度的指标：量。虽说"地量地价"，但是量低到什么程度才是"地价"？这个"地价"之低可能是你想象不到的低，这就很难把握，如果以"地量"入场，就属于做左侧，风险很大，因为我们不知道底到底在哪里、阴跌到底到什么时候。但是，如果价格跌到一定程度（收益率上行到一定程度），成交量突然爆发，就说明投资者多数已经认可这个价格，我们要"相信群众的力量"，这时就可以考虑入场了，风险会小些。当然，一个"传 + 全"组合放量后，并不代表大趋势就要结束了，只是说一波行情就要暂时休整了。

长债投资也是这样。阴跌或阴涨最可持续，这是在积蓄能量，就像海浪在没有碰到岩石之前，都是由一个个小浪逐渐叠加外推而成的，而在量价齐升之时，储蓄的能量达到最高点，最后的高潮也是一次能量的集中爆发和释放。这种爆发并不代表趋势性拐点的出现，只代表这个浪头过去了，潮水暂时退去，但也意味着新的浪潮将到来。

对于收益率下行的做多者来说，不要害怕自己买在收益率的低点，不用担心刚买就被套，我们害怕的应该是，在出现全市场都知道的大利好新闻之后的量价齐升。就像海浪一样，你顺着看的时候，看到的只是高潮，以为还有更高的高潮，但你从浪的对面看时，就会知道，其实这是海浪遇到了岩石才有的高潮，接下来的不是更高的高潮，而是短期的退潮。所以，买入的时候，不要怕收益率已经下来了，只要不出新闻，就是没有新闻的阴下，就可以顺大势买入。在出新闻之后，再停止买入，等待退潮之后，再"顺大势，逆小势"地入场。

"量价齐升"是短期的拐点，可用做短线的波段操作，但是从长期来看，当出现一个大的新闻性利空，导致收益率由阴上变成大上，使传闻变成全闻时，就会出现量价齐升的盘面，虽然短期会有回调，但这似乎却是"仙人指路"，很可能指明了长期的趋势。就像 2016 年 12 月 15 日前后一样，美联储加息、国海"萝卜章"、某货币基金大幅负偏离等众多利空同时出现，当时十年利率债收益率一天就能上行 20bp。2016 年 10 月 20 日至 12 月 20 日，是一个完整的"传 + 全"过程，"黑天鹅"导致了最后的量价齐升，虽然之后也出现了短期的回调，但长期看，未来的趋势还是延续了量价齐升的方向。所以，量价齐升后会出现短期的回调，但更预示了长期趋势（仍将延续原有的方向）。

为什么同业存单量价齐升的时候似乎就是拐点，而长债量价齐升的时候就只是短期的回调点呢？因为同业存单这个品种本身就是短期品种，而且很有跨季的规律性，而拐点本身就是短期和季节性的，长期的趋势依然不能改变。例如 2017 年，虽然每个季末月份同业存单出现高点后会回落，但是每个季度的高点却依然是顺大势而抬高的。

很多时候，长期趋势性拐点是在悄无声息中开始的，并没有轰轰烈烈的"黑天鹅"或全市场都知道的大新闻来告诉我们拐点到了。

所以，我们更要知道阴跌和阴涨的重要性，因为真正的趋势性拐点往往是以阴跌或阴涨的方式悄然展开的。

消息，是行情发展阶段的试金石。信心高涨时，雷大的利空都淡然一笑；信心不稳时，雪花也能引起雪崩。所以，"黑天鹅"不是偶然，而是趋势行情发展中的必然，是能量的集中释放，虽有技术回调，却并非市场拐点，更多时候或是市场趋势的"指南针"。

降价不放量，利率还要上

随着季末的临近，同业存单利率会慢慢上行，当一级市场明显放量时，收益率就达到阶段性的高点，这个时候大举杀入，大概率会赚钱。而且，在放量之后，发行人一般会选择下调利率，如果利率下调后，交易量立马下来，说明跟风盘不大，低利率对需求端没有足够的吸引力，市场并不接受下调后的收益率，这就预示着后面收益率会向上调整，除非供给端的银行没有了发行压力；而如果在放量后，发行人下调了利率，依然有巨大的需求，发行量依然很大，那就说明后市利率再回调上去的概率不大了，放量那天的收益率可能就是那个季度的最高点了，而过了这个季度高点后，同业存单利率大概率就会回落，直至下个季度跨季之时。这个回落更多是季节性的休整，而非趋势的改变，大的趋势更多还要看货币政策的大方向。

一般放量后，银行会在次日下调发行利率，如果下调后发行量依然很大，那就说明放量时的价格是最高价格，如果降价后没人跟随，那就说明放量时的高价是假高价。所以，在操作同业存单时，有一个好用的策略：放量买入—降价不放量（两三天）—二级市场卖—等待利率上调。

举个很折腾人的例子，2018年跨年之前，银行开始早早提价吸引资金，于是，在11月多空博弈就开始了：

2018年11月19日，股份制银行3个月同业存单在3.15%放量，次日回落至3.05%，没人跟，量很少；

之后几天，慢慢上调至3.20%，放量，次日再降价，没人跟，量很少；

之后几天，再慢慢上调至3.20%，再放量，次日再降价，还是没人跟，量很少；

之后上调到3.25%，没人跟，上调至3.30%再放量（但并不大），然后就到了12月18日，上调至3.35%，依然没人跟；

直到2018年12月25日，利率上调至3.55%，才放量真正结束那波上行。

如果我们在放量时被骗入场了，那就用"放量买入—降价不放量（两三天）—二级市场卖出—等待利率上调"这一招来实施自救。放量入场后，观察在银行降价之后，发行量是否在两三天内也能跟得上。如果跟不上而缩量，就说明后市利率大概率还要提高，利率高点还没有真正出现，我们就要及时在二级市场卖出，等待收益率上调，再放量买入，以此循环。

| 第 9 章 |

执　行

投资技术千万条，严格执行第一条。

投资交易系统，是市场与内心的桥梁。如果说"系统"是面对外界的，那么"执行"就是面对内心的。

构建系统，是"知"；执行系统，是"行"。

"知易行难"，平庸与优秀的临界点，就是执行力。它是人性与理性的对决，是人性与速度的对决。最痛苦的不是亏钱，而是看到了没赚到。

投资交易系统，是对市场的分析，对人性的挖掘。它会告诉我们，什么信号预示什么季节；也会告诉我们，遇到什么情况该如何应对。但是，能否坚定执行，就看我们与自己的内心相搏斗。

当你建立起一套适合自己的投资系统之后，你对一个市场本身的学习边际效应就会明显递减，剩下的更多是"修行""修心"，与自己的内心搏斗。

盯盘无盘，心中有盘。投资，不是想方设法战胜市场，而是顺应市场，无情无我战胜自己。

计划交易，交易计划

👆 计划你的交易，交易你的计划

为什么我们在交易时常常犹豫纠结？因为我们没有计划好不同场景下的不同操作，入场时脑子里只有赚钱这一个美好愿望，并没有再去想错了该怎么办。即使想了也很笼统，只是很粗略地想了一个止损位，给后面人性的发酵留下了空间。这就会导致我们在遇到计划之外的情景时，不知所措，犹豫纠结。

我们被人性弱点驱动着去交易，根本原因是：缺乏系统规范，不能执行计划。

多数人是凭感觉入场的，即使有很多支撑理由，那些也是为了支持自己的感觉，用来壮胆罢了。或许像巴菲特那样的投资大师有所谓的第六感，对于我们绝大多数人来说，根据感觉入场、出场，其实就是人性弱点驱动的交易，结果可想而知。那么，我们如何才能不被人性驱动呢？一是要建立投资交易系统，二是要严格执行投资交易系统，即知行合一。

凭感觉交易，就是凭运气赚钱、靠实力亏钱。顺利时赚点小钱就跑，不顺时大亏死扛。在冷静的时候，或者是交易做得顺利时，还能执行计划，等不顺时，就开始失去理智，频繁交易。其实，越是不顺，越要耐心写计划，并坚定地去执行。没写计划，或者没写完计划，就不要去交易。交易顺利时还能靠运气赚点钱，交易不顺时，连运气都没了，就只能靠实力了。而交易计划背后的交易体系，以及执行交易计划的能力，才是实力的体现。我们应该事先拟好行动计划，才能针对各种可能的发展状况采取相应的应对行动。最难学习的东西，不是交易策略，而是如何克制进场的冲动。因为很多人不知道自己知道什么，不知道自己的能力边界在哪里，所以，没有交易计划，没有交易策略，什么行情都参与，什么钱都想赚，完全凭感觉在场里厮杀。

做投资要做到：①计划。事先做功课，做计划。②进攻。在顺势的时间窗口，让利润飞。③止盈、止损。时机一过，趋势反转，不留恋，不贪婪，一分钱都不多拿，立马撤退。④撤退。入场前要做好周密的入场、出场计划，而且首先要想到最坏的情况，其次才是好的情况：错了，如何止损；对了，如何止盈。

用"计划"约束交易冲动

2019年8月，在美国加征关税的刺激下，债市利率一路狂下，十年国债收益率直接突破3.0%这个重要支撑位。按照交易计划，我按捺住心中的恐惧，加仓做多，但同时，撤退的交易计划也做好了：如果是个假突破，收益率回到3.0%之上，就止损出场。果然，在突破后第3个交易日，便回到了3.0%之上，自己坚决止损离场，亏损1bp。在此后的两个月里，十年国债收益率上行了35bp。

在突破3.0%入场时，真的很难受，因为我们需要克服"涨了，有恐慌"的恐慌感。当你感到恐慌，却又不得不去做一件事时，你的本能肯定是抵触的。所以，追的感觉总是很难受的。但是，当你下单买入之后，之前难受的预期差就会瞬间填满，然后你又开始担心收益率的反弹上行。

无论是做多还是做空，往往在刚操作时，是最忐忑、最紧张的，也是最容易不按交易计划行事的。其实，我们没有必要买入后就开始担心，因为只要你对自己的交易系统自信，就会更加严格地去执行根据交易系统制订出来的交易计划。我们不能保证每笔交易都赚钱，更不能保证一买就赚钱，但我们必须保证每笔交易都是按照交易系统和交易计划来操作的。

根据交易系统操作：

（1）敢追。要克服"回头看""涨了，有恐慌"的人性弱点，养成敢追的习惯。

（2）敢砍。同样是要克服"回头看""跌了，有希望"的人性弱点，养成敢砍的习惯。

（3）用系统来克服弱点，养成习惯。这句话说得简单，但是如何克服呢？做法就是，不要看着日间波动来做投资决策。日间波动随机性太大，甚至是没有理由的混沌状态，市场情绪和人性弱点在随机性的传言、新闻的刺激下充分暴露。要想更加理性地去执行系统和交易，就不要去盯太短线的波动，因为交易越短，人性暴露就越充分，除非你专门利用人性来做超短线交易。如果我们每天盯着市场每分每秒的波动，必然会被市场放大的情绪带进去。不用去看国债期货的日间波动，如果点位到了自己交易计划中的位置，就去执行，如果没有到，就继续等待。

总结就是，只看系统信号不看盘。正所谓，盯盘无盘，心中有盘。

👉 投资能力 = 投资体系 + 执行能力

做投资,就是一个不断自我否定的过程。每次在反思总结之后,都觉得找到了投资的真谛,以为马上就可以赚到钱了,但再次入场时,又被打脸。我们总是能在历史 K 线图上找到获利的方法,却在面对未来时,又回到了原来的样子,失败亏损依然如影随形。我们总是在"反思—执行—亏损—怀疑—放弃—再反思—再执行—再亏损—再怀疑—再放弃"中打转,总是在痛苦反思中砥砺前行。为什么会这样?

很多时候,不是我们没有找到赚钱的方法,而是没有找到"知行合一"的方法。交易无秘密,全在执行力。

何为投资能力?投资能力体现在两个方面:一是投资体系,二是执行能力。

第一,投资体系。如果你投资还是依靠感觉来操作,那么,投资能力这个词离你还很远。不要相信什么投资天才,什么投资第六感,巴菲特、索罗斯都是从失败中一步步建立起自己的投资系统的,他们不是天生就会做投资,而是善于在失败中总结教训。为什么他们的信徒那么多,为什么他们的至理名言很多人都相信?不仅仅是因为他们会赚钱,更多是因为他们与我们一样,都亏过钱,这才让我们与大师之间有那么多的共鸣。每个人的投资成长都是从失败开始磨砺的,之后,在失败中深刻反思,在反思中形成投资体系。当然,这只是投资成长蜕变中一个重要的台阶,不是上去就完事了,还需要在后面的实战中不断地对投资系统加以修正和完善。这个台阶,只是投资能力由散户思维向专业思维提升的第一个关口。

第二，执行能力。在建立自己的投资体系之后，先不论体系是否完善，不完善可以去修正，更重要的是，这个体系能否真正执行下去。为了避免情绪的干扰，我们需要在下单前先制订交易计划。这个交易计划是在开盘前或收盘后，在没有市场情绪干扰时，冷静地根据投资体系制订出来的，所以，交易计划是投资体系的具体实操体现，也是个人投资能力的具体体现之一。但是，不要以为有了一个完美的体系和计划就有了很强的投资能力，真正的能力还是体现在执行上。如果严格执行了，那投资能力就完全体现了，而如果被情绪左右，没有严格执行，那剩下的就只能交给运气了，这就与交易系统的可靠性以及个人能力无关。

交易无秘密，全在执行力。

从前，自认为自己总结的一些投资规律是个人秘籍，但慢慢发现，别人也一样知道，甚至比你知道的还要多，但是为什么每个人操盘的结果却大相径庭呢？原因就在执行力上。该止损时没有坚定止损，该遵循原则交易时没有遵循原则交易，而是被人性弱点驱使着靠感觉来操作。投资交易体系的建立并不难，你可以自己反思总结，也可以从投资大师的各种书籍中汲取。但在读万卷书之后，在不断地亏损反思之后，我们依然不能有长期的、稳定的盈利，到底是为什么？就是因为没有坚定地执行，或许只执行了一两次，但一旦遭遇失败，就断然放弃；之后再去寻找新的方法，一两次，再失败，再放弃。我们就在这种不断的负反馈中，不断地否定自我。殊不知，投资本来就讲概率，任何一种方法都有失败的时候，一失败就放弃，就永远也找不到成功的方法。《海龟交易法》中，只用一根均线就可以获利，为什么？交易无秘密，全在执行力。

执行交易计划就像去机场赶飞机。一次乘早班飞机出差,起个大早赶到了机场,结果飞机晚点40分钟才起飞。心想,要知道晚点,还不如多睡会儿。但转念间突然有了点新感悟。这有点像做投资里的执行,我们必须按照交易计划严格执行,然而,却常常会抱有侥幸心理,而拖延执行。"万一刚止损就涨回来呢""万一刚买入就跌回去呢"……各种忐忑阻碍了我们去执行计划。本来交易计划就是按照大概率的投资体系而制订出来的,执行计划就是做大概率的事。这就像我们去机场坐飞机一样,虽然晚点是常有的事,但在一定的误差范围内正点起飞仍然是大概率事件。所以,我们在不知道到底晚不晚点的情况下,一定是要严格按照计划起飞时间来安排(执行)出行计划的,不能因为可能晚点,就不按时到达机场。投资中的执行也是这样,我们不能因为可能的反弹而不去执行交易计划。市场的任何波动都有可能,而执行交易计划就是执行交易体系,就是赚能力范围内的钱。

人性:随意开仓,随意加仓。

系统:何时入场,何时出场。

能力:懂得等待,懂得执行。

投资能力 = 投资体系 + 执行能力 = 知行合一。

交易无秘密,全在执行力

交易无秘密,全在执行力。投资不复杂,复杂的是人性。是人性阻碍了你的执行,是人性让你对系统产生了怀疑。似乎每个人都有一种怀疑的天性,这种现实生活中的优势,在面对投资系统时,会变成你的劣势。对系统的怀疑会让你在投资中屡战屡败,只有对它充分信任，才能让你的投资能力螺旋式上升，而不是恶性循环、原地打转。不是说交易系统不需要修正，而是说要在坚定执行的基础上进行修正和迭代。在坚持执行系统的过程中，一定会发现交易系统更适用的场景、更有实战意义的心理细节，这样就能逐渐更新换代，获得稳定盈利。交易系统就像是一栋房子的主体框架，你可以在细节上修补，但不能一不爽就推倒重来。

在交易中，你的对手不是市场，不是央行，而是你自己。你需要在与自己不断的战斗中，反思总结，建立体系；更需要在与自己不断的战斗中，抑制人性，执行体系。要想坚定地执行投资交易体系，首先必须充分地信任它。交易是反人性的，没有谁是天生的交易员，即使是巴菲特、索罗斯，也都是在不断的摸爬滚打中成长的，否则他们就不会与我们有共鸣，他们也会犯人性的错误。所以，我们要在建立交易体系的基础上，刻意地训练自己的思维方式和行为习惯，让不舒服的交易变成一种职业习惯。先用信念去坚定执行，赚钱、成功后，就会更加自信，就会慢慢养成一种习惯。这就是一种正反馈，前提是先有信念来保证严格执行。这种信念是针对自己的交易系统的，而不是针对自己的观点的。一个优秀的操盘手，是一个没有观点的操盘手。我们不要先入为主地预测市场，而要顺应大势地应对市场。交易与信息无关，只与信号有关。投资系统发出了入场信号，就坚定入场，发出了离场信号，就绝不拖延。不要被市场的各种信息和噪声所左右，在入场信号没发出时，提前被诱惑入场，在入场信号发出时，又犹豫纠结不敢上。什么是噪声？交易系统之外的信息都是噪声。

有人说，执行有什么难的，拥有一个完美的交易系统才是最重要的。其实，天下没有完美的交易系统，只有不完美的执行。可是，现实中，市场却常常作弄我们。当你按照交易系统操作时，却连续亏损，受到打击后，无奈放弃，再次回到靠感觉操盘的老路；可是，一放弃，交易系统又开始变得非常好用，与市场波动简直是天作之合，于是再次回到系统，执行系统。然而，市场似乎在玩弄自己，完全知道自己的想法，一按系统操作，就又不好使了，又开始亏钱。经过几次折腾后，我们就会信心全无，怀疑并抛弃自己的交易系统，抑或是另起炉灶，重新建立一套新的投资交易系统，进入恶性循环：反思建立交易系统—执行—亏损—怀疑系统—放弃执行—系统盈利—再回头再执行—再亏损—再怀疑—再放弃……

"反思—执行—亏损—怀疑—放弃—再反思—再执行—再亏损—再怀疑—再放弃"，这个过程是我多年来一直在经历的。交易系统建了推倒，推倒再建，反反复复，我在痛苦中不断摸索前行，逐渐形成了自己的投资风格和交易系统，并不断在执行的细节上修正和迭代。但即便如此，有时还是会因情绪而不能做到严格执行，还会在"执行—亏损—怀疑—放弃"中循环。但在经历无数次检验之后，最终还是选择了遵守。

稳定盈利 = 小赚 + 小亏 + 偶尔大赚 + 绝不大亏

抑制情绪，学会小赚，按计划止盈。

本来盈利的仓位，却因为贪婪而转亏出场；本来看对了方向，却因为一个小震荡而黯然离场。有太多太多这样看对而没做对的例子了，但又因为有过这样的失败经历，我们又可能走向了另一个极端：死扛到底。

每个进入资本市场的人都是为了赚钱而来的,但并不是每个人都知道以自己的能力边界。盲目入场会让我们盲目地操作,什么钱都想赚,什么波段都想抓。回头看,个个都是股神债王,往前看,个个都是赌徒。在这个放大人性的市场中,我们要知道自己的能力边界,知道哪些钱是自己能赚的、该赚的。投资体系加执行能力,是一个人投资能力的边界,不要天天想着一把"梭哈"赚大钱,而要在自己的能力范围内,赚自己看得懂的、能赚到的。入场前,多数人只知道设置止损位,其实,我们还应该设置止盈位。如果在入场时不计算自己付出多少成本,也不知道自己大概能赚多少钱,那就无法计算出这笔交易的盈亏比。这不是让我们去预测市场的点位,但也要有个匡算,这笔交易到底值不值得,心中要有数。就像我们做小生意,货物的进货价是多少、卖出价是多少,事先要有个大概的判断。虽然进货后,在卖出的过程中,价格会有变化,无法做出准确的预测,但还是要有一个事前的评估,否则就完全不知道这笔生意该不该做。进货成本是固定的,而卖出的价格是有变化的,这就是我们为做这笔生意应该承担的波动风险。所以,我们必须在事前对一笔生意或者交易做好评估:这笔交易你能赚到多少钱?你为此能承担的最大风险或亏损是多少?值还是不值?试还是不试?

即便道理我们都明白,执行的时候,我们往往还是会被市场情绪带着,放大自己的情绪。入场前,本来计划好了止损位、止盈位,但入场后,一旦亏损,就开始做希望交易,拖延执行止损;而一旦对了、盈利了,又开始放大自己贪婪的本性,拖延止盈,美其名曰"让利润飞"。利润不是不可以飞,但是要在你的交易系统(能力）和计划内飞，这才是靠能力赚到的钱，而不是靠运气赚到的。不在你交易系统和计划中赚到的钱，都是靠运气赚到的，未来同样也会因运气都亏掉。入场后，一旦市场证明你是对的，并且也达到了你计划中的止盈位，就坚定执行止盈，不要自信心膨胀，放大欲望，不止盈。市场放大的是你的欲望，而非你的能力。

很多人被"让利润飞"的名言带入了误区，本来拿着一手好牌，最后却打得稀烂。殊不知，稳定的盈利需要细水长流，抱着发大财的心态入市，往往事与愿违。要学会设置止损位、止盈位，学会小富即安。当然，小富即安的目的，不是让你一赚就跑，而是有计划地跑，放平心态，赚自己看得懂的钱。看懂了，赚了，不要狂妄自大，放大贪婪，而要按照计划及时止盈，即使后面还会继续上涨，也不要可惜，因为那不是我们能力范围内该拿的。

真正稳定的盈利是：小赚，小亏，偶尔大赚，绝不大亏。

具体操作层面要做到：用顺大势提高胜率，实现"偶尔大赚"；用逆小势提高盈亏比，实现"小亏"；用坚定止损实现"绝不大亏"；用坚定止盈实现"小赚"。

用执行系统规避"煎熬后赶紧解脱"的心理

2018年11月末，债券市场牛市正酣，但我却减持了部分长债，原因并不是看空，更不是投资系统发出了风险提示，只是因为十年国开债收益率在7月19日和8月6日两次下行至4.0%附近，自己没有卖出，随后市场进入了大幅调整期，时隔两个月之后的11月下旬，才再次触及4.0%这个位置。本来就很后悔没有在8月、9月时卖出，煎熬了两个月，终于又回到了这个位置，总算解了一口气。于是，在没有明确风险信号的情况下，凭着上次没有出逃的后悔感，就卖出做空了。当时的想法是，如果市场还跟上次一样大调整，就可以做个小波段，先卖出做空，待利率上行后再买回来。结果市场并没有复制之前的调整行情，而是一路再下行 50bp。

很多时候，我们的操作都是冲动交易、感觉交易、报复交易。没有真正看空，价格也没到我们止盈的位置，就只是因为上次没有做对，这次就想当然地做上次没能做到的交易。

入场持仓后，如果没有在好的价位离场，或是被套浮亏，之后，一旦再次回到之前的那个好价位，或者解套，就会立刻出场。其实你的仓位是对的，但就是在受伤后想赶紧解脱。实际上你刚刚熬到头，后面才开始真正盈利，这种"煎熬后赶紧解脱"的心理，让自己不能享受到后面真正的盈利。怎样才能改变这种错误的散户心态呢？

①严格执行投资体系和交易计划；②不要小聪明；③单独看待每次出入场机会。

我们不要耍小聪明，以为先卖后买可以增厚收益，结果往往是踏空的结局。我们要单独看待每次出入场的机会，不要因为上次没有在好的位置卖掉，这次就一定要抓紧卖，生怕错过与上次一样的机会。并不是说这个点位不应该卖，或者说卖掉就是错的，而是要有计划地卖出，不能因为上次错过，这次就一定要抓住，这是一种报复心理。就像抛硬币一样，每一次交易都是独立的，所以，我们不要因为上次受挫，就想立刻捞回来，我们要根据投资体系的信号来进行操作。

是恐惧，让你"煎熬后赶紧解脱"；是贪婪，让你"看对后还不上车"。

要想战胜恐惧和贪婪，唯有严格执行投资体系。

👉 无计划，盘中不冲动交易；有计划，盘中不冲动违反

2018年11月21日，早上起床时，打开手机看到《中国证券报》关于"短期限市场利率基本触底"的新闻后，我感到很不安。当时本来就重仓了长债，内心是有些恐惧的。这条新闻加强了我卖出的冲动。不过到了办公室后，我并没有把具体的交易计划写下来，其实还是有点不坚定，因为交易体系并没有预警熊市的信号。但在午后，看到国债期货突然下跌后，有点慌了，就进行了卖出操作。

不管交易是否赚钱，只要没有按照计划做交易，就是错的。

无论是宏观数据，还是多空新闻，甚至是货币政策，都是被市场拿来利用的。中长期来看，市场的涨跌不是被消息推动的，而是被最基本的供求关系推动的。任何资产价格的涨跌都是如此，所以，大类资产轮动的过程，其实就是资金流动的过程。钱的本质是逐利的，钱流到哪类资产，哪类资产就要上涨，而各种消息就会被市场利用、放大，刺激价格一波波地上涨。上涨的过程也是风险累积的过程，当风险积累到一定程度时，就会流出，价格自然就会下跌。再强的利多消息，市场也会屏蔽和抛弃，转而选择那些莫名其妙的利空来放大，找各种理由来跌。

资本市场本来就是人性被放大的市场，而新闻则会成倍地放大人性。靠着感觉去交易，其实就是被人性弱点驱使着去交易；而靠着新闻去交易，更是错上加错。也许，你会靠着感觉或新闻偶尔赚

到钱,甚至是大钱,但最终这种策略会让你亏光。因为投资天然就是逆人性的游戏,新闻则会顺着人性去放大人性。

所以,不要根据新闻和感觉制订计划,而要根据信号和原则制订计划。

交易计划一定要在非交易时间来写,因为那时没有市场情绪的带动,脑子最冷静,写计划最周密。但是往往一开盘、一入市,我们就会被市场情绪带进去。本来还没到入场的点位,但被一个消息或一个拉涨刺激一下,就立马脑子充血,冲了进去;本来还没到出场的点位,同样会被一个消息或一个跳水刺激一下,就立马临时起意,逃之夭夭。三根阳线改变信仰的事发生得太多太多了,举不胜举。偶尔会靠运气赚点钱,但多数会靠实力倒亏出去。谁都知道"顺势而为",但人性弱点却总让我们在无意识中"逆势前行"。

不管交易体系中的原则是否正确,只要建仓时已经确定好了计划,这笔交易在清仓结束之前,就不能再改变了。即使最终这笔交易亏钱了,我们需要做的也是去修正制订交易计划时所依据的交易原则,而不是让自己不执行,或者改变交易计划本身。不然你的交易体系永远也不能在市场中得到真正的检验和修正,你永远也不会知道自己的能力边界,总是在市场的波动中被市场情绪带动而改变计划,会让本来需要验证和执行的交易原则半途而废。

没写交易计划,盘中不要临时冲动做交易;写了交易计划,盘中不要临时冲动违反计划。

入场前必须要考虑几个问题,全部回答了再入场:①顺大势吗?②符合哪条入场原则?③止损点在哪里?④止盈点在哪里?⑤盈亏比是多少?

手 比 脑 快

👉 投资的最高境界是：等待 + 执行

人们常说，投资的最高境界是等待。

以前真心不理解这句话。等待，等什么？等机会。那什么是机会？是自己的感觉吗？是卖方的呐喊吗？是降准降息这些政策吗？不，都不是。机会，是交易系统的信号。我们等待的，是交易系统给我们发出的入场、出场信号。建立系统、等待信号，似乎并不难。但在实战中，我们会发现，一个人太容易被市场情绪所带动，太容易被人性弱点所左右，太难做到耐心等待了。要么在信号还没有发出时，就冲动入场；要么在入场条件还没有完全符合时，就提前杀入。入场后，同样等不到出场信号，就被市场的波动和情绪带动，提前下车；或者是止损信号已经发出，却找各种理由拖延死扛。

为什么很多人没有耐心去等待系统信号的发出，就急不可耐地进行操作呢？是因为我们对交易系统不自信，总是心存侥幸。不去等待系统的确定性，而是试图抓系统外的不确定性，认为万一这次不一样了呢，万一系统规律被打破了呢？任何交易系统都不是百分百正确的，总会有"万一"出现，但我们不能因为"万一"，就不去执行交易系统，就靠感觉去碰运气。正因为没有完美的交易系统，我们才不去预测市场，而去应对市场。我们入场时，不是先想赚多少钱，而是先想万一错了该怎么办，我们接受的最大亏损是多少。

投资的最高境界是：等待 + 执行。只等待，不执行，一切等于零。

👆 手比脑快：动作，同步于计划，快于思想

2014年7月，债券牛市中出现一次大幅调整，在收益率上行之时，我不断加仓买入，但收益率还是不断上行，最后实在扛不住，给卖掉了，结果刚一卖收益率就掉头向下了。受此打击之后，好长一段时间都没有缓过劲来。因为本来是多头，也看好债市，并且不断地加仓，但在市场大调整时，自己开始怀疑自己的观点，并开始动摇和转变，在思想上从多头转向空头，进而卖出做空，可利率却掉头下行，自己又开始在做空的思维里打转，不能自拔，不停与市场做对。

2015年5月，同样的错误再次上演。也是在收益率上行过程中，觉得债券较之前便宜了，想抓左侧机会抢个反弹。但事与愿违，在买入后，收益率继续上行，上至10bp止损线时，自己依然不想止损，直到亏损达到16bp时才悔恨离场，结果又卖到了收益率的高点。卖出后第二天收益率便开始震荡向下，而自己却没能及时调整自己的思路，好像是被吓怕了，后面一段时间又开始与市场做对。

上述错误是一种思维惯性，背后正是投资中做预测结出的恶果。我们总是试图预测市场，并总结、学习和构建各种预测指标，企图精准预测市场未来的方向，并以此为依据，在市场中进出搏杀。对了，欣喜若狂；错了，垂头丧气。为什么会这样？因为我们预测了市场，而如果结果证明预测是错误的，那么比亏钱更痛苦的是自信心的受挫，是对自己分析体系的否定。其实，比预测更重要的是应对。我们应该不以物喜，不以己悲，不预测，只应对。

没有谁是投资天才，再好的投资体系都需要不断地在实战中加

以练习。要想遏制思维惯性和主观臆断，首先要树立一个理念：每笔投资都是一次试错。这一种概率思维，不要在每次入场前都信心百倍，而要在入场前先想好"错了该如何应对"。其次，必须要严格执行交易计划，一旦入场或出场条件成立，立刻行动，让动作同步于计划，快于思想，才能抑制人性弱点的发酵，养成"清仓后建仓的连续性习惯"。

在试错理念的指导下，运用好试盘这个容易克服心理弱点的工具。试盘的仓位本来就是派出的先锋敢死队，任务就是去刺探多空力量虚实的，量小，心理负担小，敢下手，执行计划也坚决。当然，我们试盘的目的，不是为了错了平仓了事、对了持有待涨，而是为了错了反手、对了加仓。要让试盘变成真正的试盘，起到真正的试盘的作用，而不是白白亏损、损兵折将。试盘对了要加仓，试盘错了要反手。需要养成"清仓后再建仓的连续性习惯"。这需要思维和动作的协调连贯，正所谓"天下功夫，唯快不破"，就是要让动作更快。当然，这种动作不是跟着自己的感觉想到什么就做什么，而是要按照事先做好的交易计划，计划什么就做什么。

以止损为例，为什么止损条件一成立就要立刻止损呢？

（1）越拖延，人性弱点越放大。在到达止损位时，必须坚定止损，绝对不能拖延。心存侥幸地做希望交易会让"跌了，有希望"的人性弱点在脑子里发酵和加强，越拖延越下不了手，直到情绪崩溃，结果往往是越拖延越有可能止损在收益率的最高点（价格最低点）。必须一到止损位或满足止损条件，就立刻行动，做到手比脑子快，截断人性弱点的发酵，截断预期差的扩大。

（2）越拖延，盈亏比越小。本来在建仓时，已经考虑了盈亏比的问题，而拖延会扩大亏损，盈亏比就会变小。这次拖延，下次一样拖延，这样整个交易系统就形同虚设了。

不想让思维有惯性，就不要预测市场。要完全根据入场、出场原则来进行操作，把每笔交易的"建仓—清仓"作为一个独立的样本来看待。执行一定要坚决，一定要快。动作要比思想快，动作与交易计划同步，而不是与自己的思想同步，这样才能截断人性弱点的发酵。你的思想和智慧不是在交易过程中体现的，而是在你的交易体系和交易计划中体现的。如果在交易时，你还有时间去思考，那么就意味着这笔交易可能要失败了。因为你已经在这笔交易中加入了自己的情绪，而人的情绪也是人的弱点，尤其是交易时的情绪。所以，动作要同步于计划，快于思想。当然，并不是说思想不重要，思想是用来思考和修正交易体系的，如果在交易过程中加入思想，那只会放大人性弱点，即使赚了，也是侥幸得来的，迟早会亏出去。交易中只有执行，没有思考。

手比脑快，截断预期差，截断人性弱点。

多拖几 bp，多亏几 bp

我们常常会在止损时犹豫纠结，总是抱着一丝幻想，其实，我们多拖几个 bp，就会在后面多亏几个 bp。

（1）如果收益率上行在某个点位是假突破，操作策略就是在突破某个点位时止损出场，在回到这个位置时再入场。如果在刚突破时止损，在刚回来时再上车，那么，理论上是不亏不赚的。但是，如果你犹豫不决，那么，多犹豫 1 个 bp，回来再上车时，你就会多亏 1 个 bp。

（2）如果收益率上行在某个点位是真突破，操作策略就是在突破某个点位时止损出场，等待到达下一个支撑位，或者是在其他转向信号出现时，再上车。因为这个技术点位只是大趋势中的一个中间点，不是终点，所以，我们就更不能心存幻想，就更需要在突破的瞬间坚定止损，你犹豫 1 个 bp，就多亏 1 个 bp。

当然，在实际操作中，也不太可能一点摩擦成本都没有，比如以十年国债收益率 3.00% 这个位置为支撑，如果向上是个假突破，那么，在十年国债收益率上行达到 3.0% 时，你可以侥幸地说还不算突破，还要再等等。但到了 3.002 5% 时，就算真的突破了，这时就必须要止损了。而当收益率回到 3.00% 以内时，就要再买回来，而确定"3.00% 以内"这个标准，点位是 3.00−0.002 5=2.997 5，又需要 0.25bp 的摩擦成本。债市收益率基本是以 0.25bp 为最小单位来波动，所以，确认突破的摩擦成本至少是 0.25bp。如果是个假突破，如果我们坚决无脑执行交易策略，摩擦成本一破一回，最小为 0.5bp。但是，如果你不坚定执行，多犹豫纠结 1bp，就会多亏 1bp。本来可以只亏半个 bp，结果可能会在犹豫纠结中越亏越多。而如果是个真突破，那么，3.00% 就只是上行趋势中的一个中途节点，收益率还会继续上行。假设下一个关键点位是 3.20%，当收益率上行至 3.20% 并能够得到有效支撑时，才可以考虑再上车。那么，我们就会少亏约 20bp，入场时也会更加从容淡定。如果我们不在刚突破 3.00% 时立刻执行止损，那么，操盘心态、操盘动作就都会变乱、变形，越亏越慌。然后，因为心态的崩溃，即使拐点出来，也没有勇气追回来了。

丢掉幻想，坚决止损

幻想太可怕了。

当你被套时，你会死死地盯住盘面，看着价格一步步下跌或收益率一点点上行，心里非常难受，但又束手无策、不甘认输，心里只盼望价格能掉头向上，或者幻想有什么利多消息出现，让下跌趋势突然掉头。也许你已经绝望了，本想止损离场，但是价格略有点小回升，让你再次产生了幻想，改变了止损的想法，以为希望来了。其实小掉头只是短暂的反抽，大跌还在后面。

出场信号发出，如果你悬崖勒马、及时止损，必将回头是岸；如果你执迷不悟、死扛到底，必将苦海无涯。幻想真的太可怕了，会让你违背自己的既定方针和交易计划，该止损的时候不止损，该下手的时候又下不去手。

以下是早年摘抄到自己记事本上的一段话，当时的理解还不是很深刻，后来体会越来越深：

做交易有所放弃才有所得：

（1）放弃自己的想象、预测、多空看法，才能按技术规则和行情交易；

（2）放弃逆势做回调、抢顶，才能顺势而为；

（3）放弃局部短线小波动机会，才能抓到长线大趋势机会；

（4）放弃侥幸心理，才能按规则交易。

2017年债券大熊市，本来一直采取防守策略是非常正确的，但我在4月末时，没有忍住，心里痒痒。倒也不是翻多，就只是想做个波段，赚点小钱，于是小量做多入场了，但很快就被套，而且很快就到了预先设置的止损位。然而，我并没有坚定止损，而是在幻想中扩大了亏损，直至崩溃出局。在止损后，长叹一口气："了断了，终于下决心止损了，170210（17国开10），4.30%卖出了。2017年4月28日、2017年5月8日我记住你们了。"

回顾整个交易过程：

（1）4月28日，在买入的时候，没有明确列出看多的理由。当然，做多的理由就是"大行委外大量赎回"被曹山石澄清以及5月初资金面会转松。

（2）5月2日，在发现有些不对时，没有第一时间下车躲开（时间止损）。即资金面没有如预期中那样，在跨过月末之后转向宽松，反而很紧张，这与入场时设想的情景不一样，这时应该时间止损，及时出局，但我并没有采取卖出操作。

（3）5月3日，发现可怕的阴跌可能已经再次出现，但我却还在幻想着解套之后再卖出，还是不肯认错。

（4）5月4日，没有等来解套，反而越套越深，170210是在4月28日以4.17%买入的，5月4日就已经上行到4.27%了，已经到了预设的止损位。在收盘后，再次制订了交易计划，计划于次日卖出该债券予以止损。

（5）5月5日，因为资金面转松，收益率从4.27%下行至4.2525%，我又燃起了看多的希望，幻想收益率能回到4.17%的位置，所以，没有执行前一日制订的交易计划。

（6）5月8日，虽然资金面全面宽松，但收益率却在没有明显利空的情况下继续大幅上行。这也让我非常明确地确认了阴跌还将继续，所以，就在 4.30% 的位置止损了，但比自己预设的止损线高了 3bp。

自从买入该只债券以后，我就天天盯着每时每刻的波动，心力交瘁。在这个过程中，自己反思如下：

（1）不做预测。

（2）时间止损（逻辑止损）。熊市中，逆大势入场做多，必须要设置时间止损，在规定的时间内，没有出现应有情景，或入场逻辑被证伪，就要及时止损出场。

（3）交易计划要详细。在入场的交易计划中，要列出买入理由的明细，并明确一旦理由不成立，或出现意想不到的情况而被套，该如何处理；卖出也要说明理由，想好一旦理由不成立，或出现意外情况而踏空，该如何处理。

（4）坚决执行交易计划。即使错了，也要执行。

明明可以靠能力（投资交易系统）赚钱，却非要靠情绪亏钱。一笔交易做得好与坏，不能只看结果是否赚钱，也许是靠运气赚到的，那么，后面依然会靠实力亏出去。这不叫成功的交易，交易是否成功应该从以下方面衡量：

（1）是否有交易计划。

（2）交易计划是否合理、详尽。

（3）实盘交易是否根据交易计划执行。

（4）交易结束后是否有反思。

交易不思考，思考不交易

交易中不思考，思考中不交易。

在入场交易之前，要认真思考，根据自己的投资体系，做好详细的交易计划：什么条件、什么理由入场？入场之后，出现什么情况出场？未被证明正确，如何处理（时间止损）？被证明错误，如何处理（空间止损）？被证明正确，如何处理（止盈）？入场之后，什么意想不到的情况都有可能发生，各种计划都要想好。我们入场的目的是赚钱，但制订计划首先想的不应是赚钱，而是错了、亏了该如何处理，先把最差的情况想到，你才能知道自己能接受的最大亏损是多少；其次才是如果对了、赚了，何时出场止盈。两个问题都想清楚了，我们才能匡算出这笔交易的盈亏比，才能知道这笔交易值不值。

千万不要被市场情绪影响而冲动入场，入场后才去思考前面的问题。一旦入场，"屁股决定脑袋"的人性弱点就会驱动你往有利于自己仓位的方向思考，那就会变得主观且有选择性。入场前，要冷静思考，按照自己的投资交易体系，详细制订交易计划，列清楚、写明白，虽然有些劳神费力，却是控制人性弱点的必经之路。赚了、亏了，明明白白，而不是靠运气、靠感觉赚钱，这就是赚能力范围内的钱。入场后，只执行，不思考，因为入场后的思考是人性弱点的发酵，越思考，越觉得自己对，越不坚定执行。

不要在交易中细究涨跌背后的逻辑是什么，一切逻辑和因素都会反映到价格里面，不要自己臆想，价格形成说明短期多空达到了均衡。一旦入场条件有变，就要及时采取行动。在光线不好的时候，当你余光看到一个东西冲向你时，你的第一反应一定是下意识地躲闪开，而不是定神去看清楚是什么东西。做投资就应该有这样的敏锐度，当看到有预期差（风险、机会）时，第一反应是去执行，而不是去思考背后的逻辑。

2018年8月7日传言称央行正回购，8月8日大银行便宜出钱被窗口指导，当时我就明显意识到情况不妙，背后发凉，在当天的债券笔记中也写下了担忧。而且从技术层面上看，也确实到了一个非常重要的压力位置。但是，我在意识到风险的时候，第一反应不是去执行卖出操作，而是去思考这个风险到底有多大。毕竟自己重仓了长债，于是屁股决定脑袋地想："虽然隔夜价格涨了，但借钱难度并没有加大啊，只不过是由减点变成了加点嘛。只要难度没有增大，就说明市场钱是多的，只不过是窗口指导让价格上去了，其实市场是有钱的。只要宽松有钱，那对债市就没有任何威胁。"又分析两天之后，得出的结论是"没事"，但之后，债券市场出现了那波牛市中的第二次大级别调整（之前一次是在2018年4月、5月）。当然，在经过两个月的大幅调整之后，债市重回牛市通道，但这种大级别的调整，还是要尽量去规避的。

这次的过程很像是2017年第四季度开始翻多并做多。当时为什么很坚定？就是因为有资金面边际宽松、央行降准等太多利好因素了，让自己认为收益率不可能往上走。就这么给自己找了不止损的各种理由。但实际上，当时的银行同业存单利率并没有降下来，而是在逐渐抬升。这就与降准后银行融资成本应该下降这个预期是相违背的。当入场理由与市场实际情况不一致时，就已经出现了预期差，入场逻辑已被证伪，就说明我们错了。一旦产生预期差，第一反应应该是认错，马上停止买入，甚至马上反手卖出，但我的做法却是越上越买。一开始以为别人是错的，自己捡到了便宜，但后来证明是自己在犯错。虽然2018年的牛市证明了之前的操作，但为什么不能及时先认错离场呢？为什么在开始时要与市场做对呢？为什么不在一个更好的点位入场呢？

两个例子有一个共同点，就是入场条件和逻辑已经发生了变化，本来可以时间止损，但因为我预测入场、入戏太深、惯性太大，一时转不过弯来，没有及时认错，而是在交易中找各种理由来证明自己仓位的正确性。

要想克服这些错误，就需要：交易中不思考，只执行；思考中不做交易，只做计划。

情感的时间止损

手比脑快，用速度截断交易中人性弱点的发酵。

我们知道，投资中要严格遵守原则进行交易，要想做到严格，就要无情。但是，人毕竟是人，是有情感的，尤其是在做错时，有很难受的感觉，我们往往会因为这种感觉而犯人性弱点"错了、亏了，有希望了"，并且因为这个弱点，让难受的感觉持续地扩散。本来已经错了，已经感觉到不对劲了，但就是期待（希望）明天会变好；或者是担心一止损市场又回头，导致左右打脸。不管有多难受，要想在资本市场的搏杀中生存下来，都必须阻止情绪在交易中发酵，做到无情地执行，这就需要"交易中只执行，不思考"，不要让情绪蔓延，让执行拖延。

（1）手比脑快，执行动手要比胡思乱想更快一步，这样才能停止情绪用事。

出手快，越过止损线，或者是达到了试盘、加仓的条件，立刻按照交易系统制订的交易计划予以执行，不要过脑子，不要让情绪控制自己，不要让人性弱点蔓延，手要比脑快。

（2）用不爽的情感为自己服务，来告知我们错误的仓位。

之前总结过"2.5天时间止损法"，在逆大势时，要特别注意使用时间止损，三天不爽就开始平仓，以此来及时填平自己内心的预期差。有预期差，有不爽的感觉，就代表自己与市场方向有了差别，说明已经错了。但是，我们并未在交易中真正去执行，就是因为怕止损后左右打脸。当然，不是说一有不爽立刻就跑，没有任何交易是一入场就立刻赚钱，让你从开始爽到最后的。我们要做的是，在计划的时间内离场，以阻止不爽情绪的蔓延。

我在2017年4月28日曾想做个小波段，于是买入做多，入场理由是：跨月后资金面会宽松，长债收益率也会因此而下行。然而，"五一"归来的第一个交易日早上，资金面收紧，当时就感觉到不对，但是人性弱点"错了，亏了，有希望了"使我没有及时平仓，而是在等待中一亏再亏，精神崩溃后，才含恨出局。为什么不敢一有不爽就去及时平仓呢？主要就是怕刚止损就涨了，左右打脸，不肯认错。

（3）养成"清仓后再建仓的连续性习惯"。

逆势入场时，三天不爽就开始清仓。你建仓后不爽，说明你的交易头寸未被证明正确，甚至已经错误，这时就应该立刻平仓。如果你担心平仓后市场又调头，左右打脸，那么在这种平仓后又不爽的情况下，只要符合再次入场的条件，就考虑再次反手入场，要养成"清仓后再建仓的连续性习惯"。当然这种操作属于轻仓试盘，就是用来测试方向的，探明方向后，我们才会在盈利的仓位上加仓，去赚大钱，左右连续打脸也不怕，至少测试出了市场的方向是横盘的。试盘必然会付出一定的摩擦成本和时间成本，而一旦测出方向，就加仓买入，之后赚的钱就可以覆盖之前付出的所有成本。

👉 出入场挂市价，一触发即执行

在执行交易计划时，我们往往在决定下单的最后时刻，因为贪图半个 bp，而错失了大段行情，或者是因为贪恋一角钱，而错失止损的良机。

就是这种占小便宜的心态，影响了具体的执行细节。而就是执行时的小细节，让我们的人性弱点战胜了投资系统，导致不能按照交易体系、交易计划来操作。越是没有执行，就越后悔，越是后悔，就越不执行，导致恶性循环，再好的交易系统、交易计划都成了摆设和纸上谈兵。在这一点上，细节决定了成败。很多时候，真的不是说你的交易系统、交易计划有多完善、多完美，你就一定能赚钱，更重要的还是执行，哪怕系统很简单，简单到只根据一根均线突破和回归来操作，只要我们严格执行，最终还是会赚钱。

不要贪婪，不要做希望交易，出场信号一旦成立，先离场，而且是按照市价离场，不要挂一个"希望价"，靠运气妄图做最后一搏，让人性弱点在最后时刻还要"发光发热"。

尤其是对于那些本来就没有做交易计划，或者没有严格执行交易计划的冲动入场的"错单"，在纠错离场时，更要坚定坚决。这种已经违背交易系统的单子，必须赶紧离场结束，不管后面会不会靠运气赚一笔。入场本来就是错的，不能错上加错，再去做希望交易。如果我们按照投资原则制订交易计划，并入场和出场，那么这种单子就是有依据、有章法的。而对于本来从根源上就已经违背交易系统、靠一时冲动操作的单子，你挂的每一个非市场化价格，都是主观人性的体现，只靠感觉，没有任何依据。

错单，就是不按投资交易系统操作的单子。它不一定亏钱，但一定没有严格按照交易系统来操作。对单，就是按照交易系统入场、出场的单子，它不一定赚钱，但一定是严格按照交易系统来操作的单子。

教训：

（1）不要想占市场便宜、找心理平衡，出入场要挂市价。

（2）止损条件一成熟，立刻以市价止损。

（3）错单一定要按照市价赶紧离场，万不可做希望交易。

抛掉沉没成本，严格执行系统

一次乘飞机从杭州到北京，本来是晚上7点半起飞，结果晚点了，先是通知晚点到9点半，再通知说要晚到11点50分，后来又说晚到1点50分，登机后又说是2点50分才起飞。折腾一晚，到北京落地已经是次日早晨5点了，一晚没睡觉。其实自己晚上10点多在机场写完投资笔记时，就想退票回杭州市区的酒店睡一觉，第二天再走。但同行的同事说："来都来了，已经等了几个小时了，也不在乎这点时间，不然之前的时间不都白等了吗！"想想也是，于是就等了下去。其实，这就是沉没成本。10点时，已经知道晚点到凌晨1点多了，但就是觉得"来都来了"，结果第二天整天都是昏昏沉沉的，还不如前一晚10点多果断丢掉沉没成本，回酒店睡觉，第二天上午再出发。

沉没成本可以延伸出跳槽的沉没成本、误机的沉没成本、止损的沉没成本。

沉没成本的经济学定义是：已经发生且无法收回的支出，如已经付出的金钱、时间、精力等都属于沉没成本。

实际上，沉没成本不是成本，是心理包袱，是内心的不平衡。未来的潜在损失才是你考虑的真正机会成本。所以，当看不到未来时，就要抛掉没有价值的沉没成本，立刻止损。

"来都来了""反正都亏这么多了"都是沉没成本的心理包袱在作祟。

我们常说，要想跳过墙，先把帽子扔过去。其实，这就是"万事开头难，一切靠试盘"的心理动因：先主动产生一定的成本，然后再倒逼自己去做。我们先做试盘，对了加仓，错了止损。这是利用沉没成本，但大多数情况下，我们是被沉没成本所拖累。投资中，刚开始被套时，其实已经发现了风险，但就是给自己找各种理由，不去执行，等到越套越深时，就后悔没有在开始时止损。因为沉没成本越来越高，直到最后"死猪不怕开水烫"，看都不想看了。

所以，在投资时，一旦投资体系提示风险，第一反应就是手比脑快，先按照自己的投资体系和交易计划去执行，而不是在犹犹豫豫中增加沉没成本，让沉没成本把自己拖入深渊。

投资大佬冯柳说过，他在做投资时，看到股票有价值就会立刻执行，看到有风险会立刻出场，而不去择时，会把择时的时间放在更有价值的东西上面。或许一次择时能让成本更低些，但下次择时可能会看错，成本又抬高了。而且你要投入大量的时间去择时，过程中会产生大量的沉没成本，让自己身心疲惫。

我们总是因为想买在更好的价格或卖在更好的价格，在盘中择时，让自己迷失在盘面之中，反而忘记了投资体系中真正的大风险和大机会，结果因小失大。不用总是盯盘面，盘中的涨跌反映了太多的消息、噪声和情绪等短期因素，所以随机性太大，如果花时间去抉择这种短线的混沌交易，其实就等于放弃了整个投资体系和大趋势。越注重择时的细节，就越注重沉没成本，也就越不能坚定地去执行。

所以，当投资体系提示风险的时候，就要立刻执行，而不是在盘中再去择时；同样，当机会出现时，也是如此，要完全按照投资体系的入场信号来操作。盯盘是盯投资体系中信号的变化，而不是市场价格的涨跌。要做到"盯盘无盘，心中有盘"。

是投资体系中的信号发生了边际变化，才导致了市场价格的涨跌，而不是价格变化影响到了信号，价格变化只会影响市场情绪，即信号变化—价格变化—情绪变化。但绝大多数情况下我们是倒过来的：价格变化—情绪变化—信号变化。先是看到价格的变化，然后就立刻影响到我们自己的情绪，最后才缘木求鱼地去找原因，甚至拿原因来强化和放大自己的情绪。我们应该是这样一个流程：盯信号变化—做相应操作（不择时）—市场验证—止损止盈—结束。

直接把情绪变化环节给忽略掉，不要让自己因为价格的变化而被情绪左右。当然，每个人在看到价格涨跌以及自己账户的盈亏时，是不可能没有冲动的，但每当因价格变化想操作时，就要用以下的标准动作流程来审视一下：当我们看到价格变化，然后它影响到自己的情绪时，首先要想到检查一下投资系统有没有边际变化，如果入场或出场条件成立，那就做相应的操作，如果没有，那就不要被情绪推动而操作。

入 场 出 场

👉 投资三大流派

投资有三大流派：预测派、价值派、技术派。

预测派做左侧，试图预测市场未来的拐点及趋势，这类投资者与其说是操盘手，不如说是分析师。初级的预测派听消息、靠感觉去预测市场、判断方向，然后下单买卖交易；高级预测派建立了自己的分析框架体系，在这个体系下分析预测市场，并以此为依据入场下单。市场中的大多数都属于预测派，试图抢顶、抄底，但实际上市场是变化的，有时这个预测指标好用，有时另一个更好，所以，常常在预测时顾此失彼。

价值派不分左右，只要债券收益率上行至足以覆盖投资者的综合成本，并能达到其预期的利差，就配置买入，而当收益率下行至无法覆盖成本，无利可图时，就选择卖出离场。只要股票价格下跌得足够便宜，进入了价值投资者认为的配置区间，就以一定的节奏配置买入。例如当一只股票的 PE 下跌到 20 倍，投资者就认为其价值凸显，可以配置，而当 PE 突破 50 倍时，就认为价格被高估，就会予以卖出。无论是债券还是股票，价值派不管现在是左侧还是右侧，熊市还是牛市，只要符合自己的配置价值标准，就开始入场。他们不随波逐流，不被情绪带动，只看标的的基本面状况——是否足够便宜和有价值。这类投资者有一个共同的特点，就是负债端稳定，而且能够忍受一定程度的回撤。典型如银行的自营资金、长期股权投资基金等。

技术派做右侧，他们不去预测市场，只是跟随市场顺势而为。

对技术派来说，贪婪、恐惧和预测是三大忌。贪婪、恐惧是人性弱点，而预测是行为弱点。技术派不去预测，只去跟随和应对。跟随，是要等待趋势出现，之后顺势入场，而对趋势的判断则有不同的方法和准则，有人使用均线，有人使用MACD线，有的甚至会统计阳线和阴线的个数，各种方法各显神通。应对，是要在入场之前，做好不同的情景假设：错了，怎么处理；对了，怎么处理。

三大流派不是完全割裂的，只是核心站位不一样而已，它们你中有我，我中有你。预测派也是要看基本面或运用技术分析方法的，只不过以预测为目的。价值派也不是完全静态地去评估价值的，也要看一个标的未来的成长性，或是市场利率趋势的变化，只不过是以中长期价值及价值回归为核心来看待市场的。技术派虽说是跟随市场，但其实也有预测的成分在里面，只不过是让已经走出来的市场来告诉趋势方向，而不是靠分析体系甚至是感觉；也会运用分析体系，只不过不是拿来预测市场的，而是用来理解市场的，是为了理解已经形成的市场趋势，看基本面是否也支撑未来趋势的延续。

入场出场，户对门当

没有最好的，只有适合自己的，预测派、价值派、技术派，无论哪一派，只要能赚钱，就是好的。在我不算长的十几年投资生涯中，三个流派我都曾尝试过，也都撞得头破血流，被市场左右打脸，最终选择了更适合自己的技术派。而且，在实战中发现，我们选择了哪个流派，在入场时就要以始为终，不能入场后临时改变，找一个有利于自己仓位的方法来支撑自己。假设，我们入场时是以技术派的方法跟踪趋势顺势买入的，那么，事先做交易计划时，也要以技术方法来设定出场的条件。尤其是入场后，当市场走势与自己的仓位相反时，不能再拿预测派的分析预测体系或是价值派的价值衡量方法找理由，说服自己不去执行止损，一定要做到逻辑前后一致、进出门当户对，这其实也是时间止损中逻辑止损的概念。如果你入场时的逻辑，没有在入场后一定的时间内被证明正确，或者已经被证明错误，就不用等待市场价格跌到你的空间止损位再离场，而是选择提前时间止损出局。

再细一点，在同一流派中，入场、出场不能中途改变。例如预测派入场时，是以资金面转松为依据来下单做多的，但入场后被套是因为资金面没有转松，反而更紧。此时，我们不能因为被套，就变换入场逻辑，拿宏观数据走弱来为自己找理由，进而不去止损。推动入场的理由，在入场后发生改变，就要按照计划做相应的操作，而不是找其他理由拖延操作。技术派也一样，如果是以20日均线为依据，向上突破就入场做多，向下跌破就平仓离场。如果入场后跌破了20日均线，就必须离场，不能临时改变标杆、放宽标准，如改为60日均线，以此来拖延止损。

除了入场与出场时的理由要相互一致外，入场时，对于时间的要求，也要以始为终。入场时只是想做个短线，那出场时就不能拖太久，不要短线做成长线、长线做成股东；入场时，如果想长期配置持有，那就不要在乎中间的波澜和诱惑。所以，我们在建仓时，不但要有撤退的计划，而且要标明是战术性的短线交易，还是战略性的长线配置。

我总结的一个债券投资策略是：短期看逻辑，中期看资金，长期看政策，核心看利差。如果我们选择的是做短期的逻辑，那么，一个个逻辑故事就要相互对应。入场时，做的是新冠肺炎疫情对经济打击的逻辑，那么入场后就要盯着"新冠"这个逻辑的相关发展态势，而不是在中间换成降准"放水"的"长期看政策"的思路。一码归一码，不要"串行"。

入场出场，要户对门当，不能入场时是一个理由，入场后又临时起意，变换逻辑，放大人性，拖延执行。

入场出场，是一个区域，不是一个点

正如前文所述，投资的最高境界是等待加执行。交易无秘密，全在执行力。执行本身必备的能力之一就是等待，没有"任尔风吹雨打，我自岿然不动"的耐力，就会不断地被市场诱导，放弃原则，冲动操作。

很多时候不是我们的原则、策略有问题，而是在执行时有问题。在入场条件尚未完全成熟时，就迫不及待地、害怕错过地冲动入场，在尚未等到卖出条件成立时，就迫不及待地想落袋为安，抑或是止损离场条件已经成立，但就是死扛不走。

我们不要因为担心拐点提前出现而去抢拐点（抢顶），而要耐心地等待出入场条件成立，再做相应的操作，而且要在"顺大势，逆小势"的前提下进行操作。不过，逆小势也是逆势，你不知道这次逆的小势会不会就是一次真反转。无论大势小势，既然是逆势，那么，在胜率上，我们就不占优势。所以，一定要让盈亏比尽量大。如果真的错过了，也无所谓，我们就在"回踩、支撑、突破"的入场时机中，等待下次机会。宁愿错过，不能做错。

虽然投资策略规定了标准的入场及出场动作，但在实战中，我们不会非常完美地在支撑点或突破点入场，而往往会因为没有在最好的位置进行相应的操作，不敢去追。所以，入场或出场不是一个点的概念，而是一个区域的概念。如果有一个区域作为参考，我们就不容易再犯时机不成熟时抢拐点、时机成熟时不敢操作的错误了。

越接近区块边缘入场，盈亏比就越大，但到底接近到什么程度合适呢？这并没有一个确定的标准，要根据自己的仓位情况，甚至是个人性格而定。我们可以做个假定，如果是小量轻仓的交易盘，可选择区块边缘的10%（最新区块区间的10%）作为入场区域；如果是大量重仓的交易盘，可选择区块边缘的30%，不要超过区块的1/2，因为超过的话，盈亏比就小于1。当然，这只是举例说明一下，无论设定多少比例，都要定一个标准，否则，往往会因为没有定量，只有定性，让我们的人性弱点有了发酵的空间。

根据上述比例，我们进一步对"回踩"和"支撑"做个量化，来看入场的区域：如果想赚一波大浪的钱，一波大浪是30～50bp，那么，可在距离入场标准线（区块上下限）5bp及以内（国债期货就是4角钱），出手左侧抢顶或右侧去追；如果想赚一波小浪的钱，一波小浪是10～20bp，那么，可在距离入场标准线2bp及以内（国债期货就是1.5角钱），出手左侧抢顶或右侧去追。保持盈亏比在10以上，即：想赚10bp，摩擦成本就只允许为1bp；想赚50bp，摩擦成本就只允许为5bp。当然，这只是一个交易性的、比较贪婪的盈亏比，如果是大量的、配置性的资金，可根据自己的情况适当调整放宽。

如果因为设定 10%（或其他比例）的摩擦成本而失去盈利的机会，那就让它失去吧，这叫"主动错过"。如果不严格设定，就会不断地凭着感觉，被人性弱点驱动，因"跌了，有希望"在左侧抢反弹，因"涨了，有恐慌"在右侧不敢追。我们就是要做能力范围内的交易，不要贪婪，什么垃圾都想捡，什么钱都想赚；不要因为对小概率事件的幻想，导致无法严格执行交易体系，或者随意调整交易体系。

另外，入场时要有一个持有时间的周期概念，不能因为被套或盈利，临时延长或缩短原来入场时的计划周期。计划做短线，就做短线，计划做长线，就做长线。不能因为被套了，就短线改成长线，长线改成爆仓。

所以，在入场时，我们要清楚地知道参与这波行情的时间和空间。是想做短线，还是想做长线（时间）？是想赚大区块的钱，还是想赚小区块的钱（空间）？有了时间概念，我们才不会拖延止损；有了空间概念，我们才能确定盈亏比。

👉 突破不敢追，回踩不敢等

出入场原则只要能被严格执行，策略就是比较完美的。但最大的问题还是执行问题，我常会被市场情绪带动着一起贪婪或恐惧，进而不能严格地执行，因此也常常后悔自己不够坚定。执行最大的问题就是不敢追，尤其是在突破之后顺势去追。顺势，说起来很简单，但做起来真的太难了。因为人性驱动你去逆势，我们天生就有"恐高症"，"涨了，有恐慌"的那种恐高心理太难克服了。

顺势突破入场，最怕的无非就是假突破。具体来说，就是担心两个问题：胜率、盈亏比。为了提高这两个指标，只需要关注以下两点：

（1）顺大势。顺大势，真突破概率大，假突破概率小。通过顺大势可以提高胜率。

（2）入场区域。突破后去追，如果没有在突破后第一时间追上去，越远离突破点，就越不敢追。发展到最后，可能会因为过于懊悔而精神崩溃、破罐破碎，全部押注去追，而这时可能真的给别人站岗接盘了。不能因为错过一个点，而错失整个行情。所以，入场不应该是一个点的概念，而是一个区域的概念，同样，出场也是如此。如果在入场的交易计划中，我们就把这个区域设定好，有一个区域作为参考，心里就会有个准备，就不会因为错失最佳入场点而不敢操作。只要还在这个区域内，就坚定去做。这对于回踩、支撑入场以及出场同样适用，它们都是一个区域的概念。区域的大小，可参照盈亏比的大小来设定。

除了突破不敢追这个问题之外，还有一个心理问题是，没有耐心去等待。我们总是在入场条件还没有完全成熟的时候，就迫不及待地提前入场，生怕错过赚钱的机会。这种情况多出现在回踩或支撑入场时，因为回踩和支撑入场是小势回调后入场，"跌了，有希望"的人性弱点会使我们没有耐心。为了克服这种投资心态和行为，同样需要量化出一个入场区域来加以抑制，只要没有进入入场区域，就坚决不被人性弱点驱使而提前操作。

资本的游戏

书号	书名	定价	作者
978-7-111-62403-5	货币变局：洞悉国际强势货币交替	69.00	（美）巴里.艾肯格林
978-7-111-39155-5	这次不一样：八百年金融危机史（珍藏版）	59.90	（美）卡门M.莱茵哈特 肯尼斯S.罗格夫
978-7-111-62630-5	布雷顿森林货币战：美元如何统治世界（典藏版）	69.00	（美）本·斯泰尔
978-7-111-51779-5	金融危机简史：2000年来的投机、狂热与崩溃	49.00	（英）鲍勃·斯瓦卢普
978-7-111-53472-3	货币政治：汇率政策的政治经济学	49.00	（美）杰弗里 A. 弗里登
978-7-111-52984-2	货币放水的尽头：还有什么能拯救停滞的经济	39.00	（英）简世勋
978-7-111-57923-6	欧元危机:共同货币阴影下的欧洲	59.00	（美）约瑟夫 E.斯蒂格利茨
978-7-111-47393-0	巴塞尔之塔:揭秘国际清算银行主导的世界	69.00	（美）亚当·拉伯
978-7-111-53101-2	货币围城	59.00	（美）约翰·莫尔丁 乔纳森·泰珀
978-7-111-49837-7	日美金融战的真相	45.00	（日）久保田勇夫

投资与估值丛书

书号	书名	定价
978-7-111-62862-0	估值：难点、解决方案及相关案例	149.00
978-7-111-57859-8	巴菲特的估值逻辑：20个投资案例深入复盘	59.00
978-7-111-51026-0	估值的艺术：110个解读案例	59.00
978-7-111-62724-1	并购估值：构建和衡量非上市公司价值（原书第3版）	89.00
978-7-111-55204-8	华尔街证券分析：股票分析与公司估值（原书第2版）	79.00
978-7-111-56838-4	无形资产估值：如何发现企业价值洼地	75.00
978-7-111-57253-4	财务报表分析与股票估值	69.00
978-7-111-59270-9	股权估值	99.00
978-7-111-47928-4	估值技术	99.00